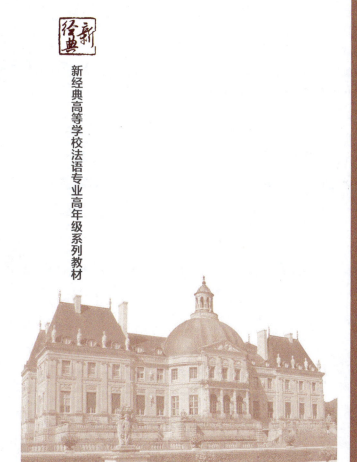

新经典高等学校法语专业高年级系列教材

法国历史教程
从古代到大革命

HISTOIRE DE FRANCE
De l'Antiquité à la Révolution

[法] Nicolas Joël KOUDLANSKI | 编著
余春红 |

外语教学与研究出版社
北京

图书在版编目（CIP）数据

法国历史教程：从古代到大革命：法文／（法）尼古拉斯·若尔·库德兰斯基，余春红编著. —— 北京：外语教学与研究出版社，2022.6
新经典高等学校法语专业高年级系列教材
ISBN 978-7-5213-3872-0

Ⅰ.①法… Ⅱ.①尼… ②余… Ⅲ.①法国－历史－高等学校－教材－法文 Ⅳ.①K565

中国版本图书馆 CIP 数据核字 (2022) 第 133804 号

出 版 人　王　芳
责任编辑　孟贤颖
责任校对　张　璐
封面设计　水长流文化
出版发行　外语教学与研究出版社
社　　址　北京市西三环北路 19 号（100089）
网　　址　http://www.fltrp.com
印　　刷　北京九州迅驰传媒文化有限公司
开　　本　787×1092　1/16
印　　张　13.5
版　　次　2022 年 8 月第 1 版　2022 年 8 月第 1 次印刷
书　　号　ISBN 978-7-5213-3872-0
定　　价　45.00 元

购书咨询：（010）88819926　电子邮箱：club@fltrp.com
外研书店：https://waiyants.tmall.com
凡印刷、装订质量问题，请联系我社印制部
联系电话：（010）61207896　电子邮箱：zhijian@fltrp.com
凡侵权、盗版书籍线索，请联系我社法律事务部
举报电话：（010）88817519　电子邮箱：banquan@fltrp.com
物料号：338720001

前 言

在人类发展的历史长河中，法国占有非常重要的地位。对于法语学习者／使用者而言，了解和熟悉法国历史有助于积累法国社会文化知识，从而提升语言交际能力和综合能力。

1997 年出版的《高等学校法语专业高年级法语教学大纲（试行）》就已经把法国史明确列入专业选修课，并要求学生"熟悉法国和其他主要法语国家的历史、地理、政治、经济、社会诸方面的概况"。2018 年，教育部颁布了《普通高等学校本科专业类教学质量国家标准》（以下简称《国标》），其中包括外国语言文学类教学质量国家标准。为了贯彻落实《国标》的各项原则和规定，教育部高等学校外国语言文学类专业教学指导委员会编写了《普通高等学校本科外国语言文学类专业教学指南》（以下简称《指南》）。2020 年出版的《指南》特别设置了国别与区域研究方向课程，并指明该专业方向课程可以针对某一个国家开设，如法国社会文化、法国历史等。

2020 年，外语教学与研究出版社相继出版了《法语国家与地区社会文化》和《法国当代政治、经济与社会》两本教材，有力推动了国别与区域研究方向课程的教材建设。受其启发，我们尝试编写了这本《法国历史教程：从古代到大革命》。

本教材由中法两位教师合作编写，其中 Nicolas Joël KOUDLANSKI 老师毕业于法国兰斯大学（Université de Reims），拥有历史学硕士学位。在大连外国语大学法语学院讲授法国历史课程的过程中，他根据中国学生的法语水平和学习特点精心准备讲稿和课件，这些材料为本教材的编写奠定了坚实的基础。余春红老师在教学目标完善、书稿审阅、课后练习设计、与出版社沟通等方面做出了重要贡献。法国历史这门课程曾获得大连外国语大学在线开放课程建设资金支持，录制了慕课视频。《法国历史教程：从古代到大革命》出版后，慕课资源将同步上线，可配套教材使用。

《法国历史教程》全书用法文撰写，涵盖了从古代（L'Antiquité）到第一共和国（La Première République）长达两千多年的法国历史，以独特的视角对重大历史事件的前因后果进行了仔细梳理，涉及法国各个时期在政治、经济和文化方面的情况。教材包含四个部分，分为十七章，每章的主体结构如下：

课　　文：根据相关历史文献编写而成，难易适度，条理清晰，方便教师进行课堂讲授。为了帮助学习者更好地理解课文，编者为较难的词汇标注了汉语释义，为重点历史人物或难点内容也添加了法语注释。

练　　习：由两部分构成，第一部分为课文理解（Compréhension du texte），包括填空、判断正误、简答题和翻译练习（法译汉）；第二部分为拓展讨论（Extension），包括两个思考题，旨在培养学生主动学习、自主探索的能力。

延伸阅读：改编自相关历史文献或资料，内容丰富有趣，供学生自主阅读或者在教师的引导下进行阅读。

另外，在每个部分的最后，我们还精心设计了**文化史**（Histoire culturelle）篇章，主要从文化的视角对该部分历史时期进行补充介绍和解读，分别为法国人姓名的由来、中世纪的文化发展、十七至十八世纪兴起的"中国热"以及法国大革命给后世留下的文化遗产。

本教材的附录内容丰富、实用，主要包括**大事年表**（Chronologie）和**国王谱系**（Généalogies），其中大事年表基本按照本书的结构划分为四个阶段，而国王谱系则通过树状图的方式列出了墨洛温王朝（Les Mérovingiens）、加洛林王朝（Les Carolingiens）、卡佩王朝（Les Capétiens）和波旁王朝（Les Bourbons）的历代国王，脉络清晰，简洁易懂，方便读者查阅。

本教材积极贯彻"课程思政"理念，在讲述法国历史的同时融入了与中国文化、中法交流相关的元素，鼓励学生以客观、辩证的态度看待历史，有利于培养学生的中国情怀、国际视野和跨文化交际能力，促进文明互鉴互赏。

本教材主要面向法语专业高年级本科生，各个学校可以根据学生情况和教学安排灵活调整，有一定基础的法语二外学生或其他法语爱好者也可以阅读此书，赏析法国历史。

最后，本教材的出版得到了大连外国语大学首批国家级一流本科专业建设资金的支持，在此表示感谢。同时，衷心感谢外研社法语部主任孟贤颖老师对本书选题的肯定，感谢石冬芳、钟可心等编辑老师对书稿的细致审阅和反复打磨。从提交初稿到最终出版，将近两年的合作过程中，她们为本书提出了许多宝贵的意见，表现出的专业水平和敬业精神令人折服。

由于编者水平有限，书中可能还有疏漏之处，请各位同行多多指正。

编 者

2022 年 4 月

Sommaire

Partie I

L'Antiquité

Introduction

Du point de vue français, l'Antiquité désigne la très longue période qui va de l'invention de l'écriture (évènement marquant également la fin de la préhistoire) jusqu'au Ve siècle après Jésus-Christ. C'est une période où la France n'existe pas encore, l'Europe de l'Ouest est alors un creuset culturel, politique, religieux, linguistique complexe, où se rencontrent et se succèdent différentes influences. Celtes, Grecs, puis Romains marquent tour à tour les paysages et les esprits, laissant à la future France une partie de son héritage, réel ou imaginé.

Chapitre 1

Les peuples en Europe de l'Ouest (X^e-IIIe s. av. J.-C.)

« Nos ancêtres les Gaulois » ?

ancêtres *n.m.pl.*
祖宗，祖先

« *Autrefois, notre pays s'appelait la Gaule, et les habitants s'appelaient les Gaulois. Notre pays a bien changé depuis lors, et nous ne ressemblons plus guère à nos pères les Gaulois.* »[1] Voilà comment les manuels d'histoire de France de la fin du XIXe siècle et du début du XXe siècle présentent l'origine de la France : elle se serait appelée la Gaule, et son peuple les Gaulois. Quoique moins répandue aujourd'hui, l'idée d'une descendance gauloise de la France a énormément marqué la culture historique des Français. L'expression « Nos ancêtres les Gaulois » se retrouve parfois, mais il en est souvent fait un usage ironique.

descendance *n.f.*
出身，血统

En effet, l'idée selon laquelle les Gaulois seraient les ancêtres des Français a été critiquée, car elle pose plusieurs problèmes. Tout d'abord, la Gaule est un nom utilisé pour plusieurs provinces romaines, dont certaines n'étaient pas sur le territoire de l'actuelle France. D'ailleurs, ces provinces n'ont officiellement existé qu'après la conquête, par les Romains, de ces territoires peuplés par des tribus, appelées tribus celtes, sans unité politique. En outre,

---

1 Ernest Lavisse, *Histoire de France, cours élémentaire*, Paris : Armand Colin, 1913, p. 1.

durant l'Antiquité, ces Celtes ne sont ni les premiers ni les seuls à occuper le territoire de l'actuelle France. Enfin, les recherches effectuées dans divers domaines montrent que l'héritage laissé par les Celtes à la France est, somme toute, assez modeste.

L'objectif de ce chapitre est de montrer que la question des origines de la France est une question très complexe, qui nous amène à parler de bien d'autres peuples.

L'arrivée des Celtes et des Grecs

Commencer par le Xe siècle avant Jésus-Christ (av. J.-C.) ne signifie pas que cette partie de l'Europe n'était pas habitée avant. Elle était, de fait, habitée, mais par des populations qui ont laissé relativement peu de traces par rapport aux suivantes.

Il est certain que la majorité de ces peuples n'étaient pas Celtes. En effet, au Xe siècle av. J.-C., les Celtes sont surtout présents en Europe centrale. Ils arrivent dans le sud de l'actuelle France entre le VIIIe siècle et le Ve siècle av. J.-C. Ils y rencontrent un peuple qui y est déjà installé, les Ligures[1]. Ils commencent à se partager l'actuelle Provence, avant de se mélanger.

Hormis les Ligures et ces premiers peuples celtes, un autre peuple s'installe dans le sud de l'actuelle France vers l'an 600 av. J.-C. Il s'agit des Grecs. Un groupe de Grecs arrive dans la région

---

1 **Ligures** : Peuple ancien établi sur la côte méditerranéenne approximativement entre les villes actuelles de Marseille et La Spezia (Italie), et dans l'arrière-pays, sur les deux versants des Alpes avant l'arrivée des Indo-Européens.

occupée par les Ligures et fonde une colonie. Appelée *Massalia*, elle deviendra le port le plus important de cette partie de l'Europe. À partir de cette colonie, d'autres sont ensuite fondées autour, dont les colonies d'*Agathé* et de *Nikaia*. Ces colonies sont aujourd'hui des villes connues, respectivement, sous les noms de Marseille, Agde[1] et Nice.

La civilisation celtique

La principale vague de peuplement celte débute à partir du Ve siècle av. J.-C. D'abord présents en Europe centrale, les Celtes vont s'installer sur un immense territoire couvrant l'Europe de l'Est, l'Europe de l'Ouest (dont les territoires de l'actuelle Espagne et Angleterre), le nord de l'actuelle Italie, en s'avançant aussi assez loin à l'est, vers l'Asie, jusqu'à l'actuelle région d'Ankara, en Turquie.

Les Celtes ne forment pas un peuple uni ! C'est une civilisation : un ensemble de sociétés ayant en commun des éléments sociaux, culturels et linguistiques. Il existe environ deux cents peuples celtes différents répartis sur tout le territoire qu'ils ont conquis. Si on ne prend en compte que l'Europe de l'Ouest, on retrouve tout de même plus d'une centaine de peuples celtes différents.

Les Celtes forment une société hiérarchisée : l'élite est une

---

1 **Agde** : Commune française située dans le département de l'Hérault, en région Occitanie, située sur l'Hérault et le canal du Midi.

druide   *n.m.*
（古代）德鲁伊特教祭司

aristocratie formée par les cavaliers et les druides, qui sont à la fois chefs religieux et enseignants. Quant au peuple, il regroupe les agriculteurs, les artisans et les marchands.

Les Celtes ont une agriculture très bien développée. Ils produisent des céréales et des légumes. Ils pratiquent aussi l'élevage. Leur artisanat est également fort renommé : ils travaillent la terre, le métal, dont l'or qu'ils extraient des mines. Ils vivent dans des villages fortifiés, ils utilisent le bois et la pierre pour leurs constructions. Les cultes religieux, à titre d'exemple, se font dans des temples en pierre. Ils croient en plusieurs dieux, qui sont notamment des dieux de la végétation et de la guerre.

Les Celtes et leurs voisins : des contacts permanents et de différentes natures

Des échanges existent entre les tribus celtes, mais aussi avec les peuples voisins. Ils font du commerce, notamment. Par leurs contacts répétés avec les colonies grecques, certaines tribus celtes adoptent la monnaie : l'archéologie nous apprend que 60 tribus celtes utilisent la monnaie au IIe siècle av. J.-C. C'est également au contact des Grecs que certaines tribus adoptent l'écriture : ils empruntent l'alphabet grec pour écrire dans leur langue.

Les relations avec les voisins ne se limitent pas au commerce, il y a aussi des conflits. Les tribus celtes se font parfois la guerre entre elles. Certaines tribus attaquent les peuples non-celtes. Par exemple, en 390 av. J.-C., des Celtes du nord de l'actuelle Italie attaquent Rome et remportent la victoire.

Les recherches archéologiques semblent montrer que Rome

n'a pas énormément souffert de l'attaque des Celtes. Il s'agissait certainement d'une razzia plutôt qu'une invasion destructrice. Néanmoins, par la suite, Rome utilise ce prétexte pour justifier sa volonté de contrôler les régions qui la séparent des Alpes. Ce sont des régions peuplées de tribus celtes.

razzia　*n.f.*　劫掠，侵袭

Ces tribus celtes du nord de l'Italie, après plusieurs batailles, sont vaincues à la fin du IIIe siècle av. J.-C. La route vers les territoires celtes et grecs dans l'actuel sud de la France est maintenant ouverte.

COMPRÉHENSION DU TEXTE

I. Complétez les phrases.

1. Entre le VIIIe siècle et le Ve siècle av. J.-C., les Celtes et les Ligures commencent à se partager l'actuelle _____, une région dans le sud de l'actuelle France.

2. Les Grecs s'installent dans le sud de l'actuelle France vers l'an _____ av. J.-C.

3. *Nikaia* est l'ancien nom de la ville de _____.

4. Dans la société celte, l'élite est une aristocratie formée par les cavaliers et les _____.

II. Vrai ou faux.

1. Les historiens sont d'accord sur le fait que les Gaulois sont les ancêtres des Français.

2. Dans l'Antiquité, les Celtes sont les premiers à occuper le territoire de l'actuelle France.

3. *Massalia* est l'ancien nom de la ville de Marseille.

4. Les Celtes sont un peuple uni qui possède une civilisation bien distinguée.

III. Répondez aux questions.

1. Qu'est-ce que l'auteur de la citation au début du chapitre veut exprimer ?

2. Quels sont les peuples présents en Europe de l'Ouest du Xe au IIIe siècle av. J.-C. ?

3. Est-ce que les tribus celtes ont des échanges avec d'autres peuples ? Qu'est-ce que cela leur a apporté ?

IV. Version.

Les Celtes ont une agriculture très bien développée. Ils produisent des céréales et des légumes. Ils pratiquent aussi l'élevage. Leur artisanat est également fort renommé : ils travaillent la terre, le métal, dont l'or qu'ils extraient des mines. Ils vivent dans des villages fortifiés, ils utilisent le bois et la pierre pour leurs constructions. Les cultes religieux, à titre d'exemple, se font dans des temples en pierre. Ils croient en plusieurs dieux, qui sont notamment des dieux de la végétation et de la guerre.

EXTENSION

Sujets d'exposé ou de rédaction :

1. En Chine, est-ce qu'on utilise le terme « la Gaule » pour désigner la France ? Pourriez-vous citer quelques exemples ?

2. L'histoire de la France est une longue suite de métissages culturels. Que pensez-vous de cet héritage historique ?

À DÉCOUVRIR

L'image traditionnelle des Celtes au début du XXe siècle

♦ **Texte 1**

Il y a deux mille ans, notre pays s'appelait la Gaule. Il n'était pas fertile et beau comme aujourd'hui, car le sol était couvert de marécages et de forêts où habitaient de nombreux animaux sauvages. On voyageait difficilement car il n'y avait presque point de routes.

[...]

Les Gaulois étaient divisés en un grand nombre de petits peuples qui se faisaient souvent la guerre. Plusieurs de nos villes ont des noms qui rappellent celui d'un peuple gaulois. Ainsi *Amiens* rappelle le nom des *Ambiens* ; *Reims*, celui des *Rèmes* ; *Langres*, celui des *Lingons* ; *Chartres*, celui des *Carnutes*, etc.

D'après Ernest Lavisse[1], *La deuxième année d'histoire de France avec récits et dissertations*, Paris : Armand Colin, 1884.

---

1 **Ernest Lavisse** (1842-1922) : Historien français de la fin du XIXe siècle et du début du XXe siècle, auteur de nombreux manuels scolaires.

♦ **Texte 2**

Les Gaulois habitaient des maisons faites avec de la terre et couvertes de paille. Ces maisons n'avaient qu'une porte et pas de fenêtres. La fumée sortait du toit par un trou parce qu'il n'y avait pas de cheminée.

Le Gaulois a les cheveux très longs. Sa moustache est très longue aussi. Il est habillé d'une blouse, d'un pantalon et d'un manteau fait d'une peau de bête. Si vous rencontriez un homme comme celui-là dans la rue, vous croiriez que c'est un sauvage.

Les Gaulois passent une grande partie de leur temps à chasser. Ils chassent les cerfs, les sangliers et les loups.

D'après Ernest Lavisse, *Histoire de France, cours élémentaire*, Paris :

Armand Colin, 1913.

Chapitre 2

La conquête romaine

L'origine romaine du mot « Gaulois »

Au cours de l'Antiquité, l'Europe de l'Ouest est un territoire où se rencontrent, s'affrontent et fusionnent à des degrés variables diverses civilisations et puissances. De tels rencontres, affrontements et mélanges se sont produits sur le territoire actuel de la France, comme en témoignent les échanges entre Ligures et Celtes, puis entre Celtes et Grecs. Au IIIe siècle av. J.-C., Rome, qui vient tout juste de s'assurer le contrôle des territoires du nord de l'actuelle Italie, vient contester la domination celte de l'autre côté des Alpes.

Avant d'évoquer les conquêtes romaines suivantes, il est intéressant d'étudier la façon dont les Romains appelaient les peuples celtes. Le chapitre précédent commençait par une mention des « Gaulois », mais par la suite il a uniquement été question des Celtes. En fait, c'est aux Romains que nous devons l'usage du nom « Gaulois » aujourd'hui pour désigner certains peuples celtes de l'Antiquité.

Les Romains utilisaient le mot « *Galli* », pluriel de « *Gallus* », pour désigner les peuples celtes du nord de l'actuelle Italie. Ce mot, qui a ensuite donné en français le mot « gaulois », est sans doute lui-même issu des langues celtes. Dans ces langues, « gal- » est un radical associé à la force, la fureur. C'est ce même radical qui a donné le mot « gaillard » (personne forte), ou encore le nom de « Pays de Galles », qui était un territoire celte. Les « *Galli* » sont donc les forts, les furieux.

La conquête des territoires celtes d'Europe de l'Ouest

Les Celtes du nord de l'actuelle Italie sont soumis à la fin du IIIe siècle av. J.-C., et ce territoire, désormais sous contrôle romain, est appelé Gaule cisalpine. Ensuite, profitant d'un appel à l'aide de la Cité de *Massalia*, directement menacée par des Celtes et des Ligures, Rome prend le contrôle d'un territoire allant des Pyrénées aux Alpes. Le sud de l'actuelle France est désormais sous contrôle romain, et est nommé Gaule transalpine (car du point de vue romain, il faut traverser les Alpes pour y arriver).

En 58 av. J.-C., la province de Gaule transalpine accueille un nouveau gouverneur. Son nom est Jules César[1]. Jules César est un militaire et un homme politique déjà très puissant à Rome. Il veut y prendre le pouvoir, et pour cela, des exploits militaires peuvent lui être d'une aide décisive. L'année où il arrive en Gaule transalpine en tant que gouverneur, des peuples celtes alliés l'appellent au secours contre un autre peuple celte. Fort de ce prétexte, il commence la conquête d'un territoire qui réunit des territoires appartenant actuellement à la France, la Belgique et la Suisse. Ainsi, il ne s'agit pas exactement d'une guerre opposant d'un côté les Romains et de l'autre les Celtes : des Celtes ont appelé Rome à l'aide contre d'autres Celtes.

---

1 **Jules César** (100-44 av. J.-C.) : Homme politique et militaire romain.

cisalpin, e *adj.*
内阿尔卑斯的（指意大利一侧）
Gaule cisalpine = Cisalpine
内高卢

transalpin, e *adj.*
阿尔卑斯山那一边的
Gaule transalpine = Transalpine
外高卢

La conquête se fait progressivement. À partir de la province romaine du sud, les Romains et leurs alliés avancent d'abord vers le nord, jusqu'au territoire de l'actuelle Belgique, avant de poursuivre leur conquête jusqu'à atteindre l'Atlantique. Dès lors il ne reste plus que le centre de la Gaule, qui va lui opposer une résistance très forte.

Les contre-offensives celtes et la victoire romaine

À partir de 53 av. J.-C., un jeune chef celte, Vercingétorix, prend conscience de la menace romaine. Il essaie de rassembler autour de lui d'autres peuples celtes. Vercingétorix est un Arverne, peuple installé sur un territoire n'ayant jamais été occupé par les Romains et qui a résisté à l'influence romaine.

César rassemble ses propres alliés celtes et part affronter les troupes de Vercingétorix. Vercingétorix remporte plusieurs batailles contre les armées de César. La plus célèbre de ses victoires est celle de Gergovie en 52 av. J.-C. Mais César, qui obtient l'aide des Germains, un peuple du nord de l'Europe, bat Vercingétorix à Alésia. Vercingétorix est fait prisonnier et est emmené à Rome comme trophée. Finalement, en 51 av. J.-C., au bout de sept ans, César met un terme à sa conquête.

trophée *n.m.* 战利品

En un mot, César cherche à accomplir des exploits militaires afin de prendre le pouvoir à Rome. Pour que cet exploit soit plus grand, il faut faire comme si cette guerre s'était faite contre des peuples unis, organisés. C'est pour faire croire cela qu'il va décrire, au cours de ses conquêtes, la Gaule comme un territoire

commentaires   *n.m.pl.*
回忆录
*Commentaires sur la guerre
des Gaules*   《高卢战记》

cohérent, divisé en trois grandes régions, et qui correspond aux territoires qu'il conquiert. L'œuvre qu'il écrit pour raconter ses exploits s'appelle d'ailleurs *Commentaires sur la guerre des Gaules*[1]. En fait, cette description est tout à fait artificielle. Mais cela lui permet de prétendre qu'il mène une guerre défensive contre un peuple dangereux. C'est donc César qui a créé les Gaules au nord de la Gaule transalpine et qui va étendre les concepts de Gaules et de Gaulois.

La Gaule est donc un territoire celte désormais sous contrôle de Rome. Grâce à ce nouveau territoire, Rome devient un empire continental. Des années après la conquête, la Gaule est divisée en trois territoires qui deviennent trois provinces romaines : la Gaule aquitaine, au sud, la Gaule lyonnaise, d'est en ouest, et la Gaule belgique, au nord.

---

1   *Commentaires sur la guerre des Gaules* ou *La Guerre des Gaules* est un ouvrage d'histoire, dont les Livres I à VII sont écrits par Jules César entre 57 et 51 av. J.-C. Il est complété par un huitième livre, écrit plus tard par Aulus Hirtius. Tous les livres sont écrits en latin.

COMPRÉHENSION DU TEXTE

I. Complétez les phrases.

1. C'est au peuple _____ que nous devons l'usage du nom « Gaulois » aujourd'hui.

2. Profitant d'un appel à l'aide de la Cité de *Massalia*, Rome prend le contrôle d'un territoire allant des Pyrénées aux _____.

3. En 58 av. J.-C., la province de Gaule transalpine accueille un nouveau gouverneur. Son nom est _____.

4. À partir de 53 av. J.-C., un jeune chef celte qui s'appelle _____ commence à organiser des batailles contre les Romains.

II. Vrai ou faux.

1. Les Romains utilisaient le mot « *Galli* » pour désigner les peuples celtes du nord de l'actuelle Italie.

2. Avant de conquérir l'actuelle France, Jules César est un militaire puissant à Bruxelles.

3. Parmi les batailles, la victoire la plus connue de Vercingétorix est celle de Gergovie.

4. La Gaule aquitaine se situe dans le nord de l'actuelle France.

III. Répondez aux questions.

1. Pourquoi l'auteur dit qu'il ne s'agit pas exactement d'une guerre opposant les Romains et les Celtes ?

2. Pourquoi César préfère-t-il décrire les Gaulois comme un peuple dangereux et uni ?

3. Dans quel ouvrage César a-t-il raconté ses exploits militaires en Gaule ?

IV. Version.

César cherche à accomplir des exploits militaires afin de prendre le pouvoir à Rome. Pour que cet exploit soit plus grand, il faut faire comme si cette guerre s'était faite contre des peuples unis, organisés. C'est pour faire croire cela qu'il va décrire, au cours de ses conquêtes, la Gaule comme un territoire cohérent, divisé en trois grandes régions, et qui correspond aux territoires qu'il conquiert.

Sujets d'exposé ou de rédaction :

1. Dans l'histoire chinoise, est-ce qu'il y a des guerres similaires ? C'est-à-dire un appel au secours qui a finalement donné lieu à une invasion. Racontez-les.

2. Est-ce que vous avez lu des livres ou vu des films sur Jules César ? Lesquels ?

L'humour douteux des Romains

N'en déplaise à Astérix, les Romains aussi avaient de l'humour. Oui, Cicéron[1] et Sénèque[2] faisaient des plaisanteries… Et pas n'importe lesquelles. Selon l'historien Pascal Montlahuc, le rire avait (déjà) un rôle politique dans la Rome républicaine et impériale[3]. C'est ce qu'il affirme après avoir étudié les pratiques relatives à l'humour dans la cité romaine sur près d'un siècle, entre l'époque de César et celle de Claude[4].

---

1 **Cicéron** (106-43 av. J.-C.) : Auteur, orateur et homme d'État romain.
2 **Sénèque** (4 av. J.-C.-65 apr. J.-C.) : Auteur, philosophe et homme d'État romain.
3 La République romaine commence en 509 av. J.-C. et se termine 44 av. J.-C. La période impériale commence en 27 av. J.-C.
4 **Claude** (10 av. J.-C.-54 apr. J.-C.) : Empereur romain de 41 à 54 apr. J.-C.

Se sentant menacés par l'inclusion des étrangers à la vie de la cité, les Romains se servaient en effet de certaines blagues pour les exclure. On riait donc des barbares, et particulièrement des Gaulois, ces ennemis de toujours. Quand Jules César permet par exemple à certains d'entre eux d'entrer au Sénat entre 46 et 44 av. J.-C., une opposition aristocratique romaine s'exprime par le biais de l'humour. [...]

Les orateurs ou auteurs romains utilisent aussi des stéréotypes antigaulois pour amuser leur public. La figure du Gaulois est présentée comme un contre idéal type. On aime rire de ses tares physiques et morales, et on adore le caricaturer. Dans L'*Apocoloquintose de l'empereur Claude*, écrite en 54 apr. J.-C., Sénèque joue sur la polysémie du terme « *gallus* », signifiant à la fois « coq » et « Gaulois », pour comparer l'étranger à un animal qui ne serait « tout-puissant que sur son tas de fumier ». Autant de plaisanteries qui ont contribué à figer l'image d'un Gaulois laid, sauvage et ennemi de Rome.

D'après Salomé Tissolong, « L'humour douteux dans Romains », dans *Sciences Humaines*, décembre 2020 (N° 331).

Chapitre 3

La civilisation gallo-romaine et l'héritage celte

acculturation *n.f.*
文化适应（过程）

Les aspects de l'acculturation

Le territoire des Celtes de l'Europe de l'Ouest se retrouve dès le Ier siècle avant Jésus-Christ sous contrôle de Rome, qui y apporte une cohérence administrative auparavant inexistante.

Avec le contrôle politique de Rome naît la culture gallo-romaine. La culture gallo-romaine peut être définie par l'adaptation de la morale romaine et du mode de vie romain au contexte gaulois. Dans certains domaines, c'est un processus de « romanisation » qui s'engage alors, c'est-à-dire une adoption du mode de vie romain.

Cette romanisation s'est d'abord faite dans la violence, lors de la guerre des Gaules. De part et d'autre, des massacres ont eu lieu. Des prisonniers celtes ont également été vendus comme esclaves par les Romains.

La romanisation est ensuite administrative : après la guerre, Rome établit les trois nouvelles provinces gauloises – les Trois Gaules (Gaule lyonnaise, Gaule belgique et Gaule aquitaine, dont les territoires correspondent globalement aux actuelles France, Belgique et Suisse) et y implante les mêmes institutions qui existent dans les autres provinces romaines.

Après la conquête des territoires celtes entre Rome et les Alpes, Rome avait pris soin d'intégrer les élites celtes à la citoyenneté romaine. Cela leur donnait des droits et un accès privilégié aux postes politiques locaux. Rome poursuit cette politique dans les nouvelles provinces gauloises. Signe de cette ouverture, le quatrième empereur romain, Claude, est né en Gaule, dans la ville de Lugdunum (aujourd'hui Lyon). C'est le premier empereur romain né dans une province récemment conquise. Durant son règne, il ouvre le sénat romain aux notables gaulois.

sénat *n.m.*
（古罗马等的）元老院

Les populations des provinces gauloises se rallient progressivement au mode de vie romain. Ce processus commence par les élites, surtout urbaines, dont une partie était déjà familière avec les usages romains. Les élites adoptent notamment la langue latine, ou encore l'architecture romaine pour la construction de leur domicile.

Plus largement, les Gaulois adoptent l'urbanisme romain : les grandes villes gauloises adoptent le plan typique d'une ville romaine, c'est-à-dire une ville traversée par deux axes perpendiculaires. Les traces de cette organisation typique des villes romaines sont visibles encore aujourd'hui sur les cartes de plusieurs grandes villes, comme Reims ou Lyon.

perpendiculaire *adj.*
垂直的

De même, des édifices spécifiquement romains sont construits en Gaule durant cette période. Certains de ces édifices marquent encore le paysage de régions, notamment dans le sud : on retrouve dans certaines villes des théâtres romains (comme celui à Lyon et à Orange), des amphithéâtres (par exemple les arènes d'Arles, celles de Nîmes), ou encore des aqueducs (dont le Pont du Gard).

amphithéâtre *n.m.*
（古罗马的）圆形露天竞技场
arènes *n.f.pl.*
圆形竞技场；斗牛场
aqueduc *n.m.*
水道桥，高架渠

Les transferts culturels ne se font pas que dans ce sens. En moyeu   *n.m.*   轮毂 •

jument   *n.f.*   母马 •

effet, les Romains mettent à profit les connaissances gauloises en matière d'agriculture et d'artisanat. Par exemple, les Romains adoptent le moyeu de roue celte, plus efficace, pour les chars. On trouve aussi des divinités gauloises ayant été intégrées dans la religion romaine, dont *Épona* (dont le nom signifie « Grande Jument » en gaulois), à l'origine une déesse de la fertilité, qui devient ensuite à l'époque impériale déesse protectrice des moyens de communication. Ainsi, bien que l'influence romaine reste la plus puissante, on retrouve plusieurs témoignages d'une influence celte.

Ce qui reste des Celtes dans la langue française contemporaine

La romanisation qui s'est produite après la conquête pose de nouveau la question de l'héritage celte et de son état actuel, par exemple d'un point de vue linguistique, domaine pour lequel des informations précises sont disponibles, notamment concernant le nombre de mots d'origine celte en français : plus d'une centaine. Il s'agit essentiellement de mots associés à la nature, à l'agriculture et à l'artisanat (chemin, caillou, battre, glaner, tanner, petit...) ainsi que des noms de ville (Paris, Reims, Lyon, Valence et bien d'autres).

Plusieurs facteurs expliquent ce faible nombre. Pour conserver sa position dominante, l'élite gauloise (dont une partie est déjà bilingue avant la conquête) veille à ce que leurs enfants apprennent la langue du conquérant, dans l'espoir de bénéficier, à terme, du statut de citoyen de l'Empire romain. En outre, le latin est une langue qui s'écrit, contrairement à la majorité des langues gauloises. Ainsi, le latin s'impose rapidement dans les centres urbains, et après le IIIe siècle, son usage devient majoritaire dans les provinces gauloises, y compris en dehors des villes.

Néanmoins, les langues celtes ont laissé au français un héritage plus subtil. En effet, l'influence des langues celtiques pourrait être à l'origine de plusieurs caractéristiques et particularités de la langue française, par exemple :

- les voyelles nasales, c'est-à-dire les sons [$\tilde{\varepsilon}$], [$\tilde{\operatorname{œ}}$], [$\tilde{ɔ}$] et [$\tilde{ɑ}$] ;

- la terminaison verbale en « *-ons* » avec le pronom « nous » (nous allons, nous battons...) ;

- la numération par 20 (cela a donné « quatre-vingts » pour 80, lecture toujours standard en France[1]) ;

- les liaisons[2]...

Un héritage récemment ressuscité

L'héritage celte semble ainsi assez discret dans la France contemporaine. Alors pourquoi avoir élevé les Gaulois au rang de « pères des Français » ?

---

1   L'ancien français utilisait bien plus largement ce système de numération. On retrouve par exemple dans *Gargantua* de Rabelais : « ensemble *sept vingt* faisans qu'envoya le seigneur des Essars ». Aujourd'hui, la Belgique et la Suisse utilisent moins ce système (En Belgique et en Suisse, 90 se lit nonante, en Suisse 80 se lit huitante).

2   Dans les langues celtiques modernes, des phénomènes similaires sont attestés.

Une partie de la réponse se trouve dans l'histoire contemporaine de la France, notamment après la guerre qui a opposé la Prusse à la France en 1870.

Les Celtes, les Grecs et les Romains ne sont pas les seuls à avoir légué leur héritage à la France que l'on connaît aujourd'hui. La France est également dépositaire d'un important héritage germanique. Avant le XIXe siècle, l'origine germanique de la France est longtemps valorisée : on dit que les nobles de France ont des origines germaniques, et le peuple des origines gauloises. En 1870, la France est vaincue par la Prusse, un peuple aux origines germaniques également. À partir de cette défaite, la France va chercher à donner plus de valeur à l'origine celte, pour écarter l'origine germanique, associée désormais à un pays ennemi.

Pour cela, il a fallu reconstruire une partie de cet héritage gaulois. Ce qui est resté des Gaulois dans la culture populaire française est une version en fait assez récente, puisqu'elle date du XIXe siècle. Le remaniement a surtout mis en avant le caractère combatif des Gaulois. C'est le cas d'une série de bande dessinée contemporaine, *Astérix*[1]. Cette série met en scène des Gaulois, en particulier le guerrier Astérix et le livreur de menhirs Obélix d'un

---

1 *Astérix* est une série de bande dessinée créée par le scénariste René Goscinny (1926-1977) et le dessinateur Albert Uderzo (1927-2020) en 1959. Après la mort de René Goscinny en 1977, Albert Uderzo poursuit seul la série, puis passe la main en 2013 à Jean-Yves Ferri et Didier Conrad. La série compte 39 tomes en octobre 2021.

léguer *v.t.*
传给，留给；遗赠

dépositaire *n.*
保管人；获得者

remaniement *n.m.*
改写；改动

village, imaginaire, qui résiste aux Romains, même après la défaite de Vercingétorix.

Cette relecture de l'histoire ancienne de la France, qui a redonné aux Gaulois la gloire perdue avec la conquête de César, a profondément marqué l'identité nationale française, et la mention de cette origine refait parfois surface dans l'actualité.

COMPRÉHENSION DU TEXTE

I. Complétez les phrases.

1. Avec le contrôle politique de Rome naît la culture _____.

2. La ville typiquement romaine est traversée par deux axes _____.

3. _____ (dont le nom signifie « Grande Jument » en gaulois) est devenue à l'époque impériale déesse protectrice des moyens de communication.

4. La guerre entre la Prusse et la France a commencé au cours de l'année _____.

II. Vrai ou faux.

1. Dès le contrôle de Rome, les Gaulois rejettent la culture romaine.

2. La romanisation s'est uniquement faite de façon violente et cruelle.

3. Après le IIIe siècle, le latin devient très populaire dans les provinces gauloises.

4. Ce sont les Germains qui apportent les voyelles nasales à la langue française.

III. Répondez aux questions.

1. Quels sont les avantages pour les élites celtes d'obtenir la citoyenneté romaine ?

2. Dans la langue française, les mots d'origine celte viennent surtout de quels domaines ?

3. Pourquoi l'héritage germanique a-t-il été dévalorisé en France après le XIXe siècle ?

IV. Version.

Les Celtes, les Grecs et les Romains ne sont pas les seuls à avoir légué leur héritage à la France que l'on connaît aujourd'hui. La France est également dépositaire d'un important héritage germanique. Avant le XIXe siècle, l'origine germanique de la France est longtemps valorisée : on dit que les nobles de France ont des origines germaniques, et le peuple des origines gauloises. En 1870, la France est vaincue par la Prusse, un peuple aux origines germaniques également. À partir de cette défaite, la France va chercher à donner plus de valeur à l'origine celte, pour écarter l'origine germanique, associée désormais à un pays ennemi.

EXTENSION

Sujets d'exposé ou de rédaction :

1. Est-ce que vous avez lu *Astérix* ? Quel personnage ou quel épisode préférez-vous ? Pourquoi ?

2. Est-ce que vous connaissez des mots français issus du latin ? Lesquels ?

À DÉCOUVRIR

L'urbanisation après la conquête romaine

Après la conquête de César, le mélange entre les coutumes romaines et les traditions gauloises a donné naissance à l'originale civilisation gallo-romaine. Ses caractéristiques s'expriment notamment dans l'habitat, à la campagne, mais aussi en ville. En effet, les villes sont alors, pour Rome, les vitrines de sa civilisation et de ses bienfaits.

L'urbanisation menée dans les nouvelles provinces s'appuie largement sur le réseau des villes gauloises déjà existant. Sous l'impulsion de Rome, mais aussi des élites gauloises, les chefs-lieux administratifs voient apparaître des monuments porteurs des valeurs de la civilisation romaine (des temples, des forums, des édifices de spectacle, des thermes). L'organisation de la ville adopte aussi les logiques romaines : l'organisation des rues se fait plus régulière et l'eau est gérée de façon collective avec la création d'aqueducs, de fontaines et d'égouts. Pour l'habitat privé, la romanisation est surtout perceptible dans la maison des notables, qui ont adopté le modèle de la maison romaine avec une petite cour à ciel ouvert (appelée *atrium*). Un nouveau paysage urbain est né.

Néanmoins, les fouilles archéologiques montrent que le rythme de l'urbanisation à la romaine a pu être différent d'une région à l'autre. Elles montrent aussi la survie des techniques traditionnelles gauloises pour la construction des habitations.

D'après « L'urbanisation à la romaine », publié sur le site de l'Institut national de recherches archéologiques préventives (Inrap).

Histoire culturelle 1

Noms et prénoms en France tout au long des siècles

Le système de nom actuellement en usage en France, c'est-à-dire un ou plusieurs prénoms et un nom de famille, est historiquement très récent, puisqu'il date de la Révolution française. Au cours de cette histoire des noms, plusieurs systèmes se sont succédé, suivant les évolutions politiques ou sociales survenues depuis l'Antiquité. Mais chacun de ces systèmes a laissé une trace dans les pratiques actuelles concernant l'identité.

Durant la dernière partie de l'Antiquité, l'Europe de l'Ouest est sous domination romaine. C'est donc le nom romain à trois éléments (prénom, nom de famille, surnom, comme pour le nom entier de Jules César : Caius Iulius Caesar) qui est utilisé. Néanmoins, ce système connaît certaines limites, liées à la croissance du nombre de citoyens romains : il n'y a à l'origine que très peu de prénoms, et beaucoup de monde porte le même nom. Cette difficulté pratique fait que ce système tombe rapidement en désuétude après la chute de l'Empire romain.

désuétude   *n.f.*   废弃，不用

Sur le territoire de l'actuelle France, le système romain laisse ensuite la place au système du nom germanique utilisé par les Francs. Sa principale caractéristique est de ne comporter qu'un seul élément, le nom. Ce nom n'est pas un nom de famille, car les populations germaniques ne connaissent pas le principe d'un nom spécifique à une famille.

Ce système est resté en place pendant près de huit siècles malgré son apparente simplicité. Il a bien sûr connu quelques changements liés aux évolutions de la société européenne. Au départ, le nom unique est un nom d'origine germanique (Sigebert, Childéric, Chilpéric, Eudes, etc. pour les hommes, Brunehaut, Berthilde, Ragnétrude, etc. pour les femmes). Par la suite, la progression du christianisme dans la société européenne entraîne, au XIIe siècle, la disparition des noms germaniques au profit des noms pris dans la Bible. Peu après, l'Église, c'est-à-dire l'institution qui enregistre les naissances, les mariages et les décès (ce qui est appelé « état civil » aujourd'hui), limite le choix des noms à une liste précise, faite de noms de saints chrétiens. En général, ce nom est hérité d'un membre de la famille du nouveau-né, par exemple un grand parent.

Vers le XIIIe siècle, le besoin de distinguer les individus d'une façon plus précise apparaît. En effet, ce système où un nom unique doit être choisi parmi une liste limitée avait un inconvénient notable : de nombreuses personnes avaient le même nom. On estime qu'au XVe siècle, cinq noms servaient à nommer 70% des hommes.

C'est pour répondre à ce besoin que naît l'habitude d'ajouter un surnom derrière le nom. À l'époque où il apparaît le surnom, il est toujours associé à une caractéristique de son porteur. Il peut s'agir du nom du père, du nom du métier exercé par l'individu, d'une localisation géographique, ou encore d'une particularité physique.

Le schéma suivant permet de donner une idée de ce processus :

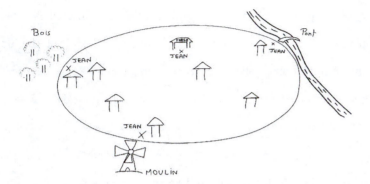

Dans ce village, plusieurs personnes se nomment Jean. Si, pour les différencier, on utilise une référence géographique, alors le Jean le plus à gauche peut être nommé Jean du bois (Dubois : 8[1] nom de famille le plus fréquent en France aujourd'hui[1]), tandis que celui le plus à droite peut être nommé Jean du pont (Dupont, un autre nom de famille fréquent). Le Jean au centre portera quant à lui un surnom associé à son métier de forgeron (nom de métier à l'origine de noms de famille fréquents en France : Lefebvre, Fabre, Faure, etc.).

Néanmoins, ce surnom n'est pas encore un nom de famille. Il n'est d'ailleurs pas fixe. Il évolue selon la vie sociale de l'individu. Jean ne sera surnommé « du pont » que dans son village ; s'il se déplace dans un autre village, son surnom changera (on utilisera alors le nom de son métier, ou un adjectif lié à une caractéristique physique, comme « Petit », aujourd'hui 4[1] nom de famille le plus fréquent[2]).

Dans les familles nobles, on retrouve le même phénomène,

---

1   D'après les données fournies par le site Filae.com.

2   *Ibid.*

excepté que le surnom correspond à des choses différentes. Cela peut être le nom du territoire où la famille exerce son autorité, un titre militaire ou un ancêtre glorieux. Rapidement, ils commencent à utiliser et à réserver pour eux seuls la particule « de » ajoutée devant leur surnom.

Le nom des rois de France est un système particulier. Le plus souvent, le premier fils du roi, l'héritier, porte le même nom que son père. C'est la raison pour laquelle on retrouve de nombreux rois de France avec le même nom, notamment avec le nom Louis, qui a été porté par dix-sept rois, et est entré dans la composition d'un autre (Louis-Philippe, roi de 1830 à 1848).

Petit à petit, le surnom cesse d'être rattaché à l'individu et commence à se transmettre de père en fils, mais c'est une pratique qui n'a rien d'officiel. La Révolution de 1789 va être l'occasion pour l'État de prendre la place de l'Église pour l'enregistrement de l'identité des individus. À cette occasion, de nombreuses mesures sont prises : le surnom devient un élément officiel de l'identité, et surtout il devient un patronyme, c'est-à-dire un nom de famille hérité du père. Le nom, quant à lui, est désormais appelé « prénom » puisqu'il est placé devant le patronyme. La Révolution annule également l'obligation de choisir un prénom parmi la liste des prénoms de saints, mais Napoléon, durant son règne, établit une nouvelle liste des prénoms français acceptés par l'état civil. Néanmoins, pour éviter les homonymes, les Français sont dès cette époque autorisés à donner plusieurs prénoms à leur enfant.

Une autre mesure marque la période napoléonienne, celle qui interdit de changer d'identité au cours de sa vie. Cette mesure

patronyme *n.m.* 姓，姓氏

homonyme *n.* 同名同姓者

s'explique par la volonté de l'État de connaître sa population avec précision. Ainsi, au cours du XIXe siècle, les différents gouvernants de la France s'attachent à habituer les Français à une identité fixe. Dans la pratique populaire, cependant, il arrive encore d'avoir plusieurs identités informelles utilisées dans des contextes sociaux précis, ce qui montre que l'idée d'une identité fixe met du temps à s'imposer. Elle finit pourtant par être acceptée, sous la IIIe République (1870-1940), grâce aux lois sur l'instruction obligatoire et le service militaire : le prénom et le nom officiels deviennent, à l'école puis à l'armée, les éléments naturels de l'identité.

Le système de « nom et prénom(s) » en France est un phénomène récent, adopté par l'ensemble de la population il n'y a que deux siècles. Mais il reste le reflet de pratiques anciennes, remontant au Moyen Âge. Cette histoire du système de nom explique pourquoi il y a bien plus de noms de famille que de prénoms. L'annulation des listes de prénoms autorisés par l'état civil dans la deuxième moitié du XXe siècle n'a pas changé cet état de fait, tout comme la possibilité légale de changer de prénom au cours de sa vie n'a remis en cause l'idée d'une identité fixe et héréditaire. En conclusion, l'évolution du système de nom en France peut être schématisée comme suite :

Époque Franque :   Nom (germanique)

↓

XIIe siècle :   Nom (chrétien)

↓

XIVe siècle :   Nom   +   Surnom

↓   ↓

Révolution (1789) :   Prénom   +   Nom de famille

↓   ↓

XIXe siècle jusqu'à
aujourd'hui :   Prénom(s)   +   Nom de famille

COMPRÉHENSION DU TEXTE

I. Complétez les phrases.

1. Le système de nom actuellement en usage en France date de _____ .

2. Le système du nom germanique est resté en place pendant près de _____ siècles.

3. Les nobles réservent pour eux seuls la particule _____ ajoutée devant leur surnom.

4. C'est sous la _____ République que les Français ont accepté d'avoir une identité fixe.

II. Vrai ou faux.

1. Dans le système germanique, un nom comporte plusieurs éléments.

2. Les fils du roi n'ont pas le droit de porter le même nom que leur père.

3. Napoléon a établi une liste des prénoms français acceptés par l'état civil.

4. Durant le règne de Napoléon, il est interdit de donner plusieurs prénoms aux enfants.

III. Répondez aux questions.

1. Le nom romain comporte-t-il combien d'éléments ? Pourquoi est-il abandonné après ?

2. Quel rôle le christianisme a-t-il joué sur le système du nom ?

3. Pourquoi a-t-on ressenti le besoin d'ajouter un surnom derrière le nom au cours du Moyen Âge ?
   D'où viennent les surnoms au début ?

IV. Version.

Petit à petit, le surnom cesse d'être rattaché à l'individu et commence à se transmettre de père en fils, mais c'est une pratique qui n'a rien d'officiel. La Révolution de 1789 va être l'occasion pour l'État de prendre la place de l'Église pour l'enregistrement de l'identité des individus. A cette occasion, de nombreuses mesures sont prises : le surnom devient un élément officiel de l'identité, et surtout il devient un patronyme : un nom de famille hérité du père. Le nom, quant à lui, est désormais appelé « prénom » puisqu'il est placé devant le patronyme.

Sujets d'exposé ou de rédaction :

1. Trouvez les 10 noms de famille les plus fréquents en France et essayez d'expliquer leur origine.

2. Racontez du l'évolution du système du nom chinois à vos amis français.

Partie II

Le Moyen Âge

Introduction

Le Moyen Âge est la période de l'histoire du monde située entre l'Antiquité et l'époque moderne. En Europe, on situe traditionnellement le Moyen Âge entre la disparition de l'Empire romain d'Occident (476) et l'arrivée de Christophe Colomb en Amérique (1492). Il se caractérise par la formation de territoires politiques cohérents et qui, avec le temps, tendent à se différencier. C'est ainsi qu'est né le royaume de France : par des partages et des guerres aux cours desquels la France se distingue définitivement de royaumes avec lesquels elle partageait un passé commun : d'abord de ce qui sera l'Allemagne, avec l'explosion de l'Empire franc, puis de l'Angleterre, avec la guerre de Cent Ans. Pour la France à proprement parler, l'époque médiévale est l'occasion de la structuration de son régime monarchique.

Chapitre 4

Les Gaules et la chute de l'Empire romain d'Occident

Créées quelques années après la fin de la guerre des Gaules pour organiser les territoires conquis par César, les Trois Gaules se retrouvent intimement liées à l'Empire romain et aux changements de sa situation politique. La romanisation s'est produite dans l'ère dite de la « paix romaine », expression désignant une période de près de deux siècles de tranquillité relative : Rome ne connaît alors ni guerre civile majeure ni invasion. Après cette période, l'Empire est confronté à une série de bouleversements, parmi lesquels deux en particulier vont avoir un impact significatif et durable sur les Gaules.

guerre civile   内战

Les bouleversements de l'Empire romain

Le premier évènement est le développement d'une nouvelle religion, venue du bassin oriental de la mer Méditerranée, le christianisme. Les chrétiens trouvent dans les Gaules une terre plutôt favorable à l'expansion de leur religion : bien qu'elle ne soit pas reconnue par les autorités, elle n'y est pas systématiquement poursuivie. D'abord constituée de communautés urbaines, la religion chrétienne se développe surtout au IVe siècle, aidée par la

poursuivre   *v.t.*
纠缠，折磨

évêché *n.m.*
主教的管辖区 •

évêque *n.m.* 主教 •

barbare *adj.* et *n.*
蛮族的；蛮族 •

conversion au christianisme d'un premier empereur (Constantin[1]) puis de son statut de religion officielle de l'Empire en 380. L'Église chrétienne s'organise, découpant le territoire en évêchés, à la tête desquels on retrouve les évêques, issus de familles de notables gallo-romains.

Le deuxième évènement majeur est l'arrivée de nouvelles populations sur le territoire impérial à partir du IIIe siècle. L'Empire romain a alors atteint sa taille maximale, avec environ 9 000 km de frontières à protéger. Une ligne de fortification, appelée le *limes*, est élevée sur une partie de ces frontières pour en assurer la protection. Mais l'Empire est affaibli politiquement et militairement : il est fréquemment attaqué sur ses frontières, et la réponse à ces attaques est faible, car elle est gênée par des compétitions politiques. Par conséquent, il se montre incapable de repousser les mouvements de populations, notamment germaniques, qui se déplacent vers l'ouest. Ces populations sont appelées « barbares » par les Romains, car elles ne sont pas de culture ni de langue latine ou grecque.

En fait, les « barbares » ne viennent pas conquérir l'Empire. Ils sont eux-mêmes poussés par les Huns, menés par Attila[2]. L'Empire étant alors affaibli, ces populations n'ont aucun mal à

---

1 **Constantin Ier le Grand** : Né à Naissus en Mésie (auj. Niš en Serbie) entre 270 et 288, et mort vers Nicomédie (actuelle Izmit en Turquie) en 337, il est empereur romain de 306 à 337. Il se-rait converti au christianisme en 312 et a accordé la liberté de culte en 313.

2 **Attila** (395-453) : Chef de guerre des Huns, un peuple venu d'Asie centrale ayant ensuite conquis une partie de l'Europe.

passer la frontière impériale.

Les conséquences de la chute de Rome sur les territoires gaulois

Rome entreprend de gérer l'installation des barbares sur son territoire. Les barbares qui ont longtemps séjourné sur les frontières se voient attribuer des espaces où s'installer. En échange, ces barbares aident à protéger l'Empire romain contre les menaces extérieures. Ces mesures permettent à l'Empire de se maintenir dans un premier temps. Mais en 395, l'Empire romain se divise en deux parties : l'Empire romain d'Occident (cap. Rome) et celui d'Orient (cap. Constantinople). Plus faible, la partie occidentale, qui est aussi plus exposée aux installations barbares, ne peut empêcher la création de quelques royaumes barbares sur son territoire.

Finalement, en 476, le dernier empereur romain d'Occident, Romulus Augustule, est déposé par un général germanique. Cet évènement marque la disparition de l'Empire romain d'Occident. Le territoire des Gaules se retrouve alors divisé en plusieurs royaumes germaniques : le peuple des Wisigoths au sud, les Burgondes à l'est, et les Francs au nord. Il ne reste plus de l'Empire romain qu'une petite portion dirigée par un général romain, appelée royaume de Soissons, qui doit se défendre contre les attaques des Francs.

déposer *v.t.* 废黜，罢免

Avènement de la dynastie mérovingienne

Les Francs forment à l'origine deux royaumes politiquement distincts : royaumes des Francs saliens et rhénans. Un roi franc, du nom de Clovis (dates de règne : 482-511), parvient à réunir les deux royaumes après plusieurs guerres. Il entreprend ensuite la conquête du royaume de Soissons, qu'il achève en 486. Puis il tente de conquérir une portion plus vaste des anciennes Gaules, mais se heurte à de nombreuses difficultés.

Pour mener à bien ses conquêtes, Clovis décide, vers 498, de se faire baptiser : il devient chrétien. Ce geste lui apporte des bénéfices politiques décisifs. Désormais chrétien, il peut en effet obtenir le soutien de l'élite gallo-romaine, représentée par les évêques. Quant à ces derniers, ils voient dans Clovis une personne capable de reconstituer l'Empire romain chrétien. Ils sont d'autant plus rassurés par Clovis que, conformément à la coutume franque, les guerriers de Clovis adoptent la nouvelle religion de leur roi et se baptisent.

Grâce à ce soutien, Clovis parvient à étendre son royaume vers le sud. Parallèlement à ses conquêtes, le roi des Francs organise son nouveau territoire et sa succession. Clovis marque ainsi le début d'une dynastie franque, appelée dynastie mérovingienne, en l'honneur de son grand-père nommé Mérovée.

COMPRÉHENSION DU TEXTE

I. Complétez les phrases.

1. Le premier empereur romain converti au christianisme s'appelle _____.

2. C'est en _____ que le christianisme a obtenu le statut de religion officielle de l'Empire romain.

3. Quand l'Empire romain a atteint sa taille maximale, il avait environ _____ km de frontières à protéger.

4. La capitale de l'Empire romain d'Occident est _____.

II. Vrai ou faux.

1. La romanisation est à l'origine de deux siècles de conflits violents.

2. Les Romains utilisent le mot « barbares » pour désigner les populations germaniques qui se déplacent vers l'ouest.

3. Au IVe siècle, l'Empire se divise en deux parties : l'Empire gaulois d'Occident et celui d'Orient.

4. À l'origine, Clovis était le roi des Francs. Après il a fondé la monarchie franque et est devenu seul roi de presque toutes les anciennes Gaules.

III. Répondez aux questions.

1. Quels sont les deux évènements qui ont bouleversé les territoires gaulois après la période de « paix romaine » ?

2. En quelle année l'empereur Romulus Augustule est-il déposé par un général germanique ? Qu'est-ce qui se passe après ?

3. D'où vient le nom de la dynastie mérovingienne ?

IV. Version.

   Désormais chrétien, il peut en effet obtenir le soutien de l'élite gallo-romaine, représentée par les évêques. Quant à ces derniers, ils voient dans Clovis une personne capable de reconstituer l'Empire romain chrétien. Ils sont d'autant plus rassurés par Clovis que, conformément à la coutume franque, les guerriers de Clovis adoptent la nouvelle religion de leur roi et se baptisent. Grâce à ce soutien, Clovis parvient à étendre son royaume vers le sud.

EXTENSION

Sujets d'exposé ou de rédaction :

1. Comment a évolué l'utilisation du mot « barbare » en français contemporain ?

2. Cherchez des informations sur l'histoire du « vase de Soissons ». En quoi cette histoire symbolise-t-elle la politique de Clovis (la future alliance entre Clovis et l'Église) ?

À DÉCOUVRIR

Récit sur le vase de Soissons

Dans ce temps, l'armée de Clovis pilla un grand nombre d'églises, parce que Clovis n'était pas encore devenu chrétien. Parmi les trésors enlevés par les soldats se trouvait un vase d'une grandeur et d'une beauté étonnante.

L'évêque envoya à Clovis des messagers pour lui demander ce vase. Le roi Clovis, ayant entendu ces paroles, invita les messagers à venir avec lui à Soissons, où les trésors devaient être partagés entre les soldats et lui-même. Il leur promit de récupérer ce vase et de le rendre à l'évêque.

Étant arrivés à Soissons, on mit au milieu de la place tout le butin, et Clovis demanda de récupérer, en plus de sa part, le vase voulu par l'évêque. Les plus sages des soldats acceptèrent. C'est alors qu'un guerrier présomptueux, jaloux et emporté, éleva sa francisque et frappa le vase, s'écriant : « Tu ne recevras rien de plus que ta part. »

À ces mots, tous restèrent stupéfaits. Malgré cet outrage, Clovis rendit aux messagers de l'évêque le vase qui lui était échu, gardant au fond du cœur une secrète colère contre ce soldat.

Un an s'était écoulé, Clovis ordonna à tous ses guerriers de se rassembler pour vérifier si leurs armes étaient brillantes et en bon état. Il examina les soldats en passant devant eux. Quand il arriva devant celui qui avait frappé le vase, il lui dit : « Personne n'a des armes aussi mal tenues que les tiennes, car ni ta lance, ni ton épée, ni ta hache, ne sont en bon état. » Il lui arracha sa hache et la jeta à terre. Le soldat s'étant baissé pour la ramasser, le roi leva sa francisque et la lui abattit sur la tête, en lui disant : « Voilà ce que tu as fait au vase à Soissons. » Cette action fit sentir aux soldats la puissance de leur roi. Clovis remporta par la suite encore de nombreuses batailles.

D'après Grégoire de Tours[1], *Histoire des Francs*, Livre II, Chapitre 27, VIe siècle. Traduit du latin par François Guizot, Paris : J.-L.-J. Brière, 1823.

1　**Grégoire de Tours** (538/539-594) : Prélat et historien français. Évêque de Tours (573-594), il joue un grand rôle dans la vie politique de la Gaule.

Chapitre 5

La dynastie mérovingienne

Après la chute de l'Empire romain d'Occident, une grande partie des anciennes Gaules passent sous la domination politique des Francs. S'ils reprennent l'organisation administrative des Romains, des changements importants apparaissent dans l'exercice du pouvoir : la royauté franque et des périodes de guerres civiles favorisées par le mode de transmission du pouvoir.

L'organisation du royaume franc

Durant son règne, outre ses conquêtes, Clovis entreprend de renforcer la place de sa famille et le pouvoir du roi. Tout d'abord, il élimine physiquement les potentiels concurrents de ses enfants pour la couronne, notamment ses cousins. En effet, le roi craint que les membres de sa parenté ne profitent du jeune âge de ses enfants pour se partager le pouvoir après sa mort.

Clovis organise également l'administration de son royaume. Paris, ancienne résidence impériale romaine, et dont la position géographique confère une haute valeur stratégique, devient sa capitale. Il met en place une administration centrale et une administration territoriale. La première est composée d'un groupe d'hommes autour du roi, appelé le palais. Parmi eux, le maire du palais, principal conseiller du roi, est chargé de veiller à la bonne gestion du domaine royal et des dépenses royales.

L'administration territoriale reprend quant à elle l'organisation

conférer *v.t.* 授予，给予

qui avait cours durant l'Empire romain. Les administrateurs, nommés comtes, se chargent de la sécurité, de la justice et du prélèvement de l'impôt. Parfois, c'est un évêque qui assure ces missions administratives.

Les luttes fratricides et leurs conséquences

fratricide   *adj.*
杀害兄弟或姐妹的

Dans la tradition franque, le pouvoir monarchique est héréditaire, c'est-à-dire qu'il se transmet de père en fils. Particularité de la tradition franque, les territoires sous l'autorité du père sont partagés entre tous ses enfants mâles. Concrètement, cela implique un partage du royaume entre tous les fils du roi à la mort de celui-ci. À titre d'exemple, Clovis a quatre fils ; à sa mort, son royaume est donc divisé en quatre.

De ce fait, après la mort de Clovis en 511, le royaume franc alterne, durant les deux siècles suivants, entre périodes d'unité et périodes de partage. Ainsi, l'histoire de la dynastie mérovingienne est marquée par plusieurs guerres fratricides, appelées ainsi car elles opposent des frères voulant agrandir leurs territoires respectifs en conquérant ceux de leurs frères.

Divisé depuis le VIe siècle, le royaume des Francs se compose de trois grandes régions : l'Austrasie (au nord-est), la Bourgogne (au sud-est) et la Neustrie (au nord-ouest). Le dernier roi de la dynastie mérovingienne à réaliser l'unité du royaume des Francs est Dagobert Ier, qui règne de 629 à 639. Ces dix ans de règne marquent l'un des derniers moments de puissance de l'époque mérovingienne. Après son règne, les luttes entre portions divisées du royaume reprennent.

Ces conflits récurrents affaiblissent de fait le pouvoir des rois. Les maires du palais, qui sont les administrateurs de la cour du roi, en profitent pour obtenir plus de pouvoir. Peu à peu, ce sont eux qui gouvernent réellement les royaumes. La fonction de maire du palais devient elle-même héréditaire et des dynasties puissantes de maires du palais se mettent en place.

À la place du roi, les maires du palais s'occupent de renforcer l'influence de leurs royaumes respectifs. En Austrasie, le royaume franc du nord-est, les rois se laissent gouverner par les maires du palais issus des Pépinides, une famille de la noblesse franque. Les maires du palais d'Austrasie ont pour ambition de rétablir l'autorité franque sur l'ensemble des Gaules. Cela les amène à conquérir les royaumes voisins.

La montée en puissance des Pépinides

Peu après, le royaume franc du sud-ouest, le royaume d'Aquitaine, doit faire face à des razzias arabes. Pour les combattre, le royaume d'Aquitaine demande d'abord de l'aide à un roi musulman régnant sur une partie de l'actuelle Espagne. Mais quand ce roi musulman meurt, le royaume d'Aquitaine n'a plus le choix : il appelle à l'aide le maire du palais d'Austrasie, le Pépinide Charles Martel (688-741). Charles Martel avait déjà commencé à pacifier les royaumes francs. Les batailles qu'il mène contre les razzias arabes, dont la plus connue aujourd'hui est la bataille de Poitiers[1]

---

1 **Poitiers** : Aujourd'hui chef-lieu du département de la Vienne, dans la région Nouvelle-Aquitaine. La victoire que Charles Martel y remporte sur les Arabes en 732 brise l'offensive musulmane en Occident.

en 732, contribuent encore plus à unifier les royaumes francs autour de Charles Martel. Au cours de sa fonction de maire, les Francs restent sept années (737-743) sans roi : le précédent roi Thierry IV (dates de règne : 721-737) est mort sans héritier, et Charles Martel, le véritable détenteur du pouvoir depuis 718, refuse d'installer un nouveau descendant de Clovis sur le trône.

Après la mort de Charles Martel, son fils, Pépin le Bref, prend la fonction de maire du palais de Neustrie, de Bourgogne et d'Austrasie. En 751, soutenu par le pape, l'homme le plus puissant de l'Église chrétienne, il devient roi. Le dernier roi mérovingien, Childéric III (dates de règne : 743-751), déposé par Pépin le Bref, est envoyé dans un lieu de prière pour le reste de sa vie, la tête rasée pour symboliser la perte de son pouvoir. En effet, chez les Francs, de longs cheveux, et une barbe, sont les symboles du pouvoir, symboles réservés aux rois. C'est pourquoi on les voit généralement représentés les cheveux longs avec une barbe.

Pépin le Bref est le premier maire du palais à devenir roi (dates de règne : 751-768). C'est aussi le dernier : rapidement, il supprime la fonction de maire du palais. Il s'agit d'éviter que ses successeurs se fassent concurrencer par quelqu'un aux fonctions importantes.

Avec Pépin le Bref commence une nouvelle dynastie : les Carolingiens (nommés ainsi en l'honneur de Charles Martel, dont le nom latin était *Carolus*).

COMPRÉHENSION DU TEXTE

I. Complétez les phrases.

1. Durant le règne de Clovis, la ville de _____ est la capitale du royaume franc.

2. Clovis a mis en place une administration centrale qui s'appelle _____.

3. Parmi les batailles menées par Charles Martel contre les razzias arabes, celle de _____ en 732 est la plus connue aujourd'hui.

4. _____ est le dernier roi mérovingien.

II. Vrai ou faux.

1. Dans la dynastie mérovingienne, le maire du palais doit être reconnu par le pape.

2. Après la mort de Clovis, ses fils ont partagé les territoires du royaume.

3. Les maires du palais d'Austrasie sont issus de la famille des Pépinides.

4. Charles Martel est le premier maire du palais à devenir roi.

III. Répondez aux questions.

1. Pourquoi les enfants de Clovis se font-ils la guerre après la mort de leur père ?

2. Pourquoi a-t-on rasé le roi Childéric III ?

3. Pourquoi Pépin le Bref a-t-il supprimé la fonction du maire du palais ?

4. D'où vient le nom de la dynastie des Carolingiens ?

IV. Version.

Clovis met en place une administration centrale et une administration territoriale. La première est composée d'un groupe d'hommes autour du roi, appelé le palais. Parmi eux, le maire du palais, principal conseiller du roi, est chargé de veiller à la bonne gestion du domaine royal et des dépenses royales. L'administration territoriale reprend quant à elle l'organisation qui avait cours durant l'Empire romain. Les administrateurs, nommés comtes, se chargent de la sécurité, de la justice et du prélèvement de l'impôt. Parfois, c'est un évêque qui assure ces missions administratives.

Sujets d'exposé ou de rédaction :

1. Quel nom a été donné, dans la culture populaire française, aux rois mérovingiens après le règne de Dagobert Iᵉʳ ?

2. Est-ce que vous connaissez une famille qui a usurpé le pouvoir du roi ou de l'empereur dans l'histoire chinoise ? Faites une comparaison avec ce que vous avez appris dans ce chapitre.

Les Mérovingiens, la dynastie mal-aimée

« Rois fainéants », crises politiques et assassinats en série… La dynastie mérovingienne a laissé dans l'histoire française une image sombre. C'est elle pourtant qui voit le royaume franc se relever après l'effondrement de l'Empire romain, et s'épanouir dans la culture chrétienne.

[...]

Du règne de Clovis aux « rois fainéants »

Si Clovis est devenu l'un des personnages les plus importants dans l'histoire de France, c'est bien par son baptême, en 496 ou 505. L'évêque Grégoire de Tours a raconté cet évènement, il explique que du fait de ce baptême, Dieu est passé du côté des Francs, et que c'est cela qui transforme un groupe de barbares en un royaume chrétien.

La superficie du monde franc double entre la mort de Clovis, en 511, et la fin du VIe siècle. La dynastie est marquée durant un demi-siècle par la querelle fratricide qui oppose les deux fils de Clotaire Ier, Chilpéric et Sigebert, ainsi que leurs épouses et partisans. Clotaire II parvient ensuite à réunifier le royaume, qu'il lègue à son fils Dagobert Ier. Dans son dernier siècle, la dynastie mérovingienne, dirigée par les rois dits « fainéants », s'effondre progressivement tandis que s'élève une famille aristocratique d'Austrasie : les Pippinides[1], dont le plus fameux représentant sera Charles Martel.

Pourquoi cette légende noire ?

« C'est une dynastie mal-aimée, car elle a connu plusieurs régences féminines, tranche Bruno Dumézil, historien français spécialiste du Haut Moyen Âge et professeur à la Sorbonne. Et pendant longtemps, en France, on n'a pas du tout aimé que des femmes aient le pouvoir. À partir de Napoléon, et plus encore sous la IIIe République, les historiens vont interpréter ces régences féminines comme un élément de faiblesse. »

D'après Marine Jeannin, « Les Mérovingiens, la dynastie mal-aimée »,

dans *Géo*, octobre 2020.

---

1 Un autre mot pour désigner les Pépinides.

Chapitre 6

La dynastie carolingienne et la partition définitive de l'Empire franc

La dynastie carolingienne nouvellement en place est la deuxième dynastie franque à diriger un royaume qui n'a pas encore fini son expansion. Quoique courte, elle va durablement marquer l'histoire de France et d'Allemagne.

Le règne de Charlemagne

En 768, Pépin le Bref meurt, laissant le royaume franc à ses deux fils, Carloman et Charles Ier, ce dernier étant aujourd'hui surtout connu sous le nom de Charlemagne[1] (dates de règne : 768-814). Quand Carloman meurt quelques années plus tard, Charles Ier prend possession de son royaume pour agrandir le sien. Ensuite, il fait la guerre dans le nord de l'actuelle Italie, où un peuple menace le pape. En signe de reconnaissance, le pape couronne Charlemagne comme empereur à Rome, le jour de Noël en 800. La date est symbolique : le pape souhaite que l'ancien Empire romain chrétien renaisse. Désormais empereur, Charlemagne continue d'agrandir son territoire. Il étend également la religion chrétienne dans les territoires nouvellement conquis avec la violence.

Son règne est également l'occasion d'un renouveau de

---

1 Le nom de Charlemagne vient de son nom latin, Carolus Magnus (littéralement : Charles le Grand).

laïc, ïque   *n.*   世俗人 •┄┄┄┄┄┄┄┄┄┄┄┄┄

l'activité intellectuelle. Charlemagne, empereur sensible à la culture lettrée, mène de différentes réformes pour améliorer l'éducation des hommes d'Église, des administrateurs, mais aussi pour donner aux laïcs une éducation de base. Il demande ainsi la création d'une école dans chaque évêché. En 789, il publie une loi sur l'enseignement : l'école gratuite et obligatoire est ouverte à tous les enfants. Le latin classique, langue à utilisation religieuse, est réintroduit dans les écoles et devient la langue administrative. Charlemagne entend ainsi faciliter l'administration de son Empire, dans lequel plusieurs langues coexistent. De même, les ateliers de recopiage se multiplient. Ces ateliers ont une grande importance : l'Europe ne connaît pas l'imprimerie à cette époque, tous les documents, aussi bien administratifs que littéraires, doivent être recopiés à la main pour être diffusés.

Sur le plan administratif, il divise son Empire en plusieurs régions. Chaque région est divisée en comtés, dans chacun desquels on retrouve un comte nommé par le pouvoir central. La grande nouveauté politique de Charlemagne consiste en l'établissement d'un système de contrôle de l'action de ces comtes par les *missi dominici*, appelés ainsi car ils sont les envoyés (*missi*) du pouvoir central lui-même (*dominici* signifie seigneurial, du seigneur). Ils effectuent leur mission au moyen d'enquêtes auprès du peuple et rendent compte régulièrement à l'Empereur de leurs constatations.

Une dynastie faite de règnes courts dans un contexte difficile

Charlemagne meurt en 814. Il n'a qu'un seul fils survivant Louis Ier le Pieux (dates de règne : 814-840), qui hérite de l'Empire en entier. En revanche, Louis Ier a encore trois fils vivant au moment de sa mort. Les Carolingiens conservent la tradition germanique du partage des territoires, de ce fait l'Empire est divisé en trois après la mort de Louis Ier en 840. Cette division a très rapidement fait l'objet d'un conflit. Lothaire Ier (dates de règne : 840-855), fils aîné de Louis, a voulu profiter des difficultés rencontrées par ses deux frères dans leurs territoires respectifs pour se les approprier. En réaction, les deux frères cadets, Louis II le Germanique (dates de règne : 843-876) et Charles II le Chauve (dates de règne : 843-877), concluent une alliance, qu'ils renforceront en 842 lors des serments de Strasbourg[1]. Devant la résistance qui lui est opposée, Lothaire finit par accepter l'idée du partage du royaume entre lui et ses frères. En 843, ils concluent tous les trois le traité de Verdun, selon lequel Charles II obtient la Francie occidentale, Lothaire Ier la Francie médiane et Louis II la Francie orientale. Le nom de Francie occidentale devient dès lors le nom de la partie ouest de l'ancienne Gaule romaine.

La dynastie carolingienne rencontre très vite, dans les trois

s'approprier   *v.pr.*
据为己有，私占，侵吞

---

1   **Serments de Strasbourg** : Une partie de ces serments est rédigée dans une langue propre à la région dialectale dont les contours géographiques correspondraient au nord de la France actuelle. Ce texte a pu être considéré comme l'acte de naissance de la langue française.

royaumes, de nombreux problèmes qui menacent leur pouvoir. Tout d'abord, il n'y a plus de conquêtes, il n'y a donc plus de nouveaux trésors que les rois peuvent distribuer aux comtes. Ceux-ci s'occupent donc d'exploiter les richesses de leurs terres : ils gagnent beaucoup d'influence et de pouvoir sur leurs terres, ils deviennent des seigneurs, presque indépendants des rois.

seigneur *n.m.* 封建领主

En outre, l'Europe occidentale subit de nouvelles invasions, notamment des Vikings (appelés aussi Normands, « hommes du Nord ») venus des pays scandinaves. Ils sont attirés par les richesses des monastères chrétiens, mal défendus. Les rois n'arrivent pas à les combattre, ils sont parfois obligés de négocier. Ainsi, en 911, Charles III le Simple (dates de règne : 898-922), roi de Francie occidentale, donne à un chef viking le comté de Rouen, qui correspond globalement à l'actuelle Normandie. En échange, ce chef promet de ne pas attaquer le reste du territoire.

monastère *n.m.* 修道院

Enfin, une partie des rois de cette dynastie ne règnent pas assez longtemps pour renforcer leur pouvoir face à des familles de seigneurs de plus en plus puissantes. Louis II le Bègue règne deux ans (877-879), Charles III le Gros trois ans (884-887), de même que Louis III (879-882), et Louis V, le dernier roi carolingien de Francie occidentale, meurt en 987 après un an de règne (986-987), sans héritier.

L'avènement des Capétiens

À la mort de Louis V, Hugues Capet, issu d'une famille seigneuriale en compétition avec le roi pour le pouvoir, les Robertiens, en profite pour se faire élire roi des Francs. Il est ensuite sacré, c'est-à-dire que l'Église le reconnaît comme le roi légitime de la France.

À son tour, Hugues Capet (dates de règne : 987-996) met tout en œuvre pour établir une nouvelle dynastie. Il associe son fils Robert au pouvoir et le fait sacrer le jour de Noël en 987. En 996, Robert II (dates de règne : 996-1031) succède à son père. La dynastie capétienne est désormais bien installée.

En guise de conclusion, il convient de noter trois points particulièrement importants.

Tout d'abord, la France est dépositaire d'un héritage germanique, d'ailleurs commun à celui de l'actuelle Allemagne. Ce n'est véritablement qu'à partir du règne d'Hugues Capet que la Francie occidentale et orientale se séparent définitivement, chaque royaume ayant désormais des rois de dynasties différentes. La Francie orientale connaîtra d'ailleurs plusieurs dynasties au cours de son histoire, tandis que les rois de la dynastie capétienne régneront sans interruption jusqu'en 1792.

L'influence de l'Église sur le pouvoir royal s'est développée depuis le sacre de Clovis à Reims. Comme le montrent les exemples de Pépin le Bref et de Hugues Capet, le sacre devient dès cette période une étape essentielle pour la légitimation des rois. Si Hugues Capet (en tout cas dans un premier temps) ne s'est pas fait sacrer dans la ville de Reims, quasiment tous les autres rois de cette dynastie[1] s'y rendent pour cette cérémonie.

légitimation *n.f.*
承认合法，合法化

---

1 Jusqu'en 1789, outre Hugues Capet, seuls 3 rois de France se font sacrer dans une autre ville (Robert II, Louis VI et Henri IV).

Enfin, même si le royaume de Francie occidentale est, dès le règne d'Hugues Capet, définitivement séparé du reste du royaume franc, et que les noms sont proches, il ne s'agit pas encore exactement du royaume de France. Il faut attendre la fin du XIIe siècle pour que le roi, dans les documents administratifs, remplace l'appellation de « roi des Francs » pour « roi de France ».

❧ COMPRÉHENSION DU TEXTE ❧

I. Complétez les phrases.

1. Le pape couronne Charlemagne comme empereur à _____ en 800.

2. Quand Charlemagne meurt, c'est son fils _____ qui hérite de l'Empire en entier.

3. En 911, un chef viking obtient le comté de _____, qui correspond globalement à l'actuelle Normandie.

4. À la mort de Louis V en 987, _____ se fait élire roi des Francs.

II. Vrai ou faux.

1. Charlemagne est le fils de Pépin le Bref.

2. Sous le règne de Charlemagne, les ateliers d'imprimerie se multiplient.

3. Les Vikings vivent au sud du royaume de Francie occidentale.

4. La branche française de la dynastie carolingienne finit avec Louis V.

III. Répondez aux questions.

1. Comment Charlemagne est-il couronné empereur des Francs ?

2. À la mort de Louis Ier en 840, l'Empire est divisé en combien de royaumes ? Lesquels ?

3. Quel est le lien entre l'Église et le pouvoir royal ?

4. Quand est-ce que le royaume de Francie occidentale est devenu celui de France ?

IV. Version.

La dynastie carolingienne rencontre très vite, dans les trois royaumes, de nombreux problèmes qui menacent leur pouvoir. Tout d'abord, il n'y a plus de conquêtes, il n'y a donc plus de nouveaux trésors que les rois peuvent distribuer aux comtes. Ceux-ci s'occupent donc d'exploiter les richesses de leurs terres : ils gagnent beaucoup d'influence et de pouvoir sur leurs terres, ils deviennent des seigneurs, presque indépendants des rois.

EXTENSION

Sujets d'exposé ou de rédaction :

1. Pour qualifier le règne de Charlemagne, des historiens ont utilisé le terme de « Renaissance » carolingienne. À partir du contenu de ce chapitre et de recherches personnelles, expliquez l'utilisation de cette expression.

2. Dans la culture populaire française, qu'a-t-on surtout retenu de Charlemagne (vous pouvez par exemple écouter la chanson *Sacré Charlemagne* ou lire tout autre document que vous aurez trouvé) ?

À DÉCOUVRIR

Deux exemples de la politique de Charlemagne

1. La réforme de l'enseignement

Aux prêtres : Qu'on rassemble, pour l'enseignement, non seulement les fils de condition modeste, mais aussi les fils bien nés. Que dans tous les évêchés et dans tous les monastères, il y ait des écoles, où l'on enseigne aux garçons les poèmes religieux, l'écriture, le chant, le calcul, la grammaire. De même, corrigez soigneusement les erreurs que l'on peut trouver dans les livres religieux, pour qu'ils puissent prier de la bonne façon.

D'après le *Capitulaire* (texte de loi émanant de Charlemagne) de 789, Chapitre 72. Traduction du latin présentée sur gallica.bnf.fr.

2. L'expansion de la religion chrétienne

La guerre contre les Saxons recommença. Ce fut la plus longue, la plus cruelle et la plus laborieuse que connurent les Francs. Les Saxons, naturellement féroces, adonnés au culte des démons, et ennemis de notre religion, n'avaient aucun remord à profaner les lois divines et humaines.

[...]

Cette guerre dura trente-trois ans sans interruption, avec beaucoup d'animosité[1] des deux côtés. Elle ne finit que quand les Saxons acceptèrent de renoncer à leur ancienne religion et d'embrasser le christianisme, donc de recevoir le baptême. Il leur fut demandé également de se réunir avec les Francs et de ne plus faire qu'un peuple avec eux.

D'après Eginhard[2], *Vie de Charlemagne*, 826. Traduit du latin par François Guizot, Paris : J-.L.-J. Brière, 1824.

---

1   Sentiment de malveillance qui porte à nuire à autrui.
2   **Eginhard** ou **Einhard** (v. 770–840) : Chroniqueur franc et auteur de la première biographie de Charlemagne. Il est l'un des principaux représentants de la Renaissance carolingienne.

Chapitre 7

La guerre de Cent Ans (I) : les premières phases du conflit

De 987 jusqu'au début du XIVe siècle, les descendants directs d'Hugues Capet règnent sur le royaume de France qu'ils agrandissent petit à petit. Dans la première moitié du XIVe siècle, une crise dynastique devient le point de départ d'une guerre de plus d'un siècle entre le royaume de France et le royaume d'Angleterre.

Crise dynastique et prétentions anglaises

La différence entre les royaumes de France et d'Angleterre est assez floue à cette époque. Le roi et l'aristocratie anglais sont les descendants de familles aristocrates françaises, arrivées en Angleterre avec Guillaume le Conquérant, un aristocrate du royaume de France devenu roi d'Angleterre (1066-1087). L'aristocratie anglaise de cette époque est donc de langue et d'éducation française.

Le roi d'Angleterre possède aussi des terres dans le sud-ouest de la France, la Guyenne[1]. En effet, au XIIe siècle, Aliénor d'Aquitaine a divorcé du roi capétien Louis VII le Jeune (dates de règne : 1137-1180) et a épousé Henri II Plantagenêt (dates de règne :

---

1 **Guyenne** : Autre nom donné à la province d'Aquitaine, notamment quand elle est anglaise, de 1259 à 1453.

1154-1189), futur roi d'Angleterre Henri II, donnant à ce dernier le territoire de l'Aquitaine[1]. Les successeurs de Louis VII ont réussi à reprendre une partie de ces territoires, et le conflit s'est achevé par le traité de Paris de 1259 entre Louis IX (Saint Louis, dates de règne : 1226-1270) et Henri III d'Angleterre (dates de règne : 1216-1272). Selon les termes de ce traité, le roi d'Angleterre possède la Guyenne en tant que vassal du roi de France. En d'autres termes, pour garder ces terres, le roi d'Angleterre doit rendre hommage au roi de France, donc se mettre en position d'infériorité. Des deux côtés, cette situation est de plus en plus difficile à supporter.

Quand le roi Philippe IV le Bel (dates de règne : 1285-1314) meurt en 1314, il laisse trois héritiers potentiels pour le trône de France. Son fils aîné, Louis X le Hutin, devient donc roi, mais il meurt après deux ans de règne (1314-1316). Peu après sa mort, la femme de Louis X donne naissance à un garçon, mais il meurt quatre jours plus tard. C'est donc un autre fils de Philippe le Bel qui monte sur le trône : Philippe V le Long, qui meurt six ans plus tard (1316-1322), sans héritier. Il ne reste plus que le dernier fils de Philippe le Bel, Charles IV le Bel, mais il meurt après six ans sur le trône (1322-1328), lui aussi sans héritier. Dès lors, il n'y a plus aucun descendant direct d'Hugues Capet. Des discussions ont lieu pour trouver un successeur à Charles IV. C'est un de ses

---

1 Les territoires d'Aliénor d'Aquitaine recouvraient alors le sud-ouest du royaume de France et une partie du centre. Avec ce mariage, Henri II possède sur le continent un territoire plus étendu que celui de Louis VII.

cousins qui est choisi, et dont le nom de règne est Philippe VI (dates de règne : 1328-1350). Néanmoins, le trône de France a alors un autre **prétendant**. En effet, Philippe le Bel avait également une fille, Isabelle. Cette fille avait été mariée au roi d'Angleterre, Edouard II (dates de règne : 1307-1327). Ensemble, ils ont eu un fils, Edouard III (dates de règne : 1327-1377), roi d'Angleterre au moment de la mort de Charles IV.

À cette époque, il est admis qu'une femme ne peut pas régner sur le royaume de France. On en conclut donc qu'une femme ne peut pas transmettre à son enfant le droit de régner. Cette idée devient une règle, et est utilisée pour écarter Edouard III. De toute façon, les notables français refusent d'avoir pour souverain un roi étranger.

Un début de conflit à l'avantage des Anglais

Edouard III, après quelques protestations, accepte de laisser la couronne du royaume de France à Philippe VI et lui rend hommage. Mais en 1337, le roi de France **confisque** finalement la Guyenne. Edouard III saisit cette occasion pour entrer en guerre contre la France.

Les débuts de ce conflit tournent rapidement à l'avantage de l'Angleterre, dont l'armée, sur terre comme sur mer, est mieux équipée et plus moderne. Les chevaliers français subissent plusieurs défaites, dont celle, écrasante, de Crécy en 1346. L'année suivante, Calais est pris par les Anglais, ce qui facilite le transport entre l'Angleterre et la France. En 1356, lors de la bataille de Poitiers, le roi de France Jean II le Bon (dates de règne :

prétendant, e   *n.*
觊觎者；觊觎王位者 •

confisquer   *v.t.*
没收；充公 •

1350-1364) est fait prisonnier par les Anglais et est emmené à Londres. C'est la fin de la première phase armée du conflit. Le roi est prisonnier, son fils aîné, appelé le Dauphin, s'occupe donc de réunir l'argent nécessaire à sa libération. C'est une période de faiblesse du pouvoir royal en France, durant laquelle le Dauphin doit affronter une révolte bourgeoise à Paris, menée par Etienne Marcel[1], et une révolte sociale dans les campagnes du nord de la France menée par un paysan surnommé Jacques Bonhomme[2]. Finalement, le Dauphin paie la rançon pour libérer son père, et une paix est signée par le traité de Brétigny-Calais en 1360. Edouard III renonce au pouvoir sur le royaume de France, mais y obtient de nombreuses terres.

Dauphin *n.m.* （法国的）王太子，王储

rançon *n.f.* 赎金

En 1364, Jean II meurt, son fils, Charles V le Sage (dates de règne : 1364-1380), entreprend d'organiser de façon rationnelle son royaume. Il renforce notamment l'administration, et donc l'influence du pouvoir royal. Par ailleurs, il parvient à reprendre certains territoires aux Anglais.

La reprise du conflit

En 1380, Charles VI le Fou (dates de règne : 1380-1422) devient roi. Ce roi est parfois victime de crises de folie. L'état de santé du roi affaiblit son autorité. Deux clans aristocratiques, les

---

1 **Etienne Marcel** (v. 1316-1358) : Marchand drapier et homme politique français. Il est un important fonctionnaire municipal au moment des faits.

2 Jacques est le nom que donnaient, par moquerie, les nobles aux paysans.

Bourguignons, autour du duc de Bourgogne, et les Armagnacs, autour du duc d'Orléans et son beau-père comte d'Armagnac, en profitent pour se battre pour obtenir plus de pouvoir et entraînent la France dans une guerre civile.

Le petit-fils du roi d'Angleterre Edouard III, Henri V (dates de règne : 1413-1422), profite de ces troubles pour conquérir le pouvoir en France et débarque en France avec son armée. Malgré les progrès militaires français dans le domaine de la stratégie, les chevaliers français sont de nouveaux vaincus : en 1415, à la bataille d'Azincourt, 6 000 nobles français meurent, le résultat est catastrophique pour les Français.

L'épouse de Charles VI s'allie aux Bourguignons. Ensemble, ils décident de s'allier avec les Anglais. Ils signent donc, en 1420, le traité de Troyes : Henri V épouse la fille du roi Charles VI, et deviendra roi de France à la mort de Charles VI. Le fils de Charles VI, le Dauphin Charles, est donc écarté du pouvoir. Se sentant en danger, le Dauphin se réfugie chez les Armagnacs.

Comme son nom ne l'indique pas, la guerre de Cent Ans n'a pas été une période d'un siècle de guerre sans interruption. Il y a eu des phases militaires, et des phases diplomatiques, mais aussi une période de peste noire et une période de relative accalmie et de prospérité. La phase suivante, celle où le Dauphin se bat pour retrouver ses droits à la couronne de France, va également se jouer dans le domaine du symbolique.

accalmie *n.f.*
暂息，暂时平静

COMPRÉHENSION DU TEXTE

I. Complétez les phrases.

1. Au moment de la mort de Charles IV, _____ est le roi d'Angleterre.

2. La guerre de Cent Ans commence vers l'an _____ .

3. En 1347, _____ est pris par les Anglais, ce qui facilite le transport entre l'Angleterre et la France.

4. Le traité de Troyes a été signé durant l'année _____ .

II. Vrai ou faux.

1. Après la mort de Louis X, c'est son fils Philippe V qui monte au trône.

2. Philippe VI est le neveu de Philippe IV le Bel.

3. En 1356, le roi de France Jean II le Bon est fait prisonnier et est emmené à Londres.

4. En 1360, Edouard III abandonne ses terres dans le royaume de France.

III. Répondez aux questions.

1. Quelle crise dynastique devient l'amorce de la guerre de Cent Ans ?

2. Quel évènement constitue le prétexte d'Edouard III pour lancer la guerre contre la France ?

3. Est-ce que le royaume de France devient plus fort sous le règne de Charles VI ? Pourquoi ?

4. Qu'est-ce que l'épouse de Charles VI a fait pour « améliorer » la relation entre le royaume d'Angleterre et celui de France ?

5. Est-ce que la guerre de Cent Ans est une période de guerres incessantes ? Pourquoi ?

IV. Version.

La différence entre le royaume de France et celui d'Angleterre est assez floue à cette époque. Le roi et l'aristocratie anglais sont les descendants de familles aristocrates françaises, arrivées en Angleterre avec Guillaume le Conquérant, un aristocrate du royaume de France devenu roi d'Angleterre. L'aristocratie anglaise de cette époque est donc de langue et d'éducation française. Le roi d'Angleterre possède aussi des terres dans le sud-ouest de la France, la Guyenne. Cependant, il les possède en tant que vassal du roi de France.

EXTENSION

Sujets d'exposé ou de rédaction :

1. Au cours de vos études de langues, avez-vous observé des traces de l'ancienne proximité France-Angleterre ?

2. Pour refuser qu'Edouard III devienne roi de France, les Français ont utilisé un article de la loi salique. Cherchez ce dont il s'agit.

À DÉCOUVRIR

La défaite d'Azincourt

Comment en octobre 1415, en pleine guerre de Cent Ans, une armée française supérieure en nombre et constituée des plus grands noms de la chevalerie, s'est-elle vu infliger une défaite cuisante par les Anglais ?

Une succession d'erreurs stratégiques

Plusieurs facteurs expliquent la défaite des Français à Azincourt ce 25 octobre 1415. Le lieu de l'affrontement tout d'abord, un pré boueux de 900 mètres de large seulement, bordé de bois. Le champ de bataille est étroit, ce qui a pour effet de transformer l'avantage numérique des Français en véritable désavantage.

La stratégie militaire ensuite. Attachée aux pratiques guerrières traditionnelles de la chevalerie, l'armée française choisit de charger l'ennemi à cheval, alors même que l'armée anglaise tire des flèches puissantes et a mis en place de quoi arrêter la cavalerie.

Le commandement a aussi posé problème. Alors que du côté anglais c'est le roi Henri V lui-même qui encourage ses propres troupes, les troupes françaises sont constituées de différentes maisons, qui ont chacune leur propre commandement.

On recense près de 6 000 Français tués en quelques heures, soit le pire bilan d'une bataille au cours de la guerre de Cent Ans.

Une des conséquences : le déclin de la chevalerie française

Elle annonce en effet le déclin de la chevalerie française et laisse le royaume dans une situation extrêmement désavantageuse pour affronter les prochains épisodes de la guerre de Cent Ans.

La mort, ou la capture, de dizaines de grands chevaliers nobles signe la fin de la tradition de la chevalerie française. En outre, la défaite et la disparition de ces nobles ont aggravé les conflits internes du royaume. Cette phase de la guerre de Cent Ans débute ainsi d'une manière catastrophique.

D'après l'épisode intitulé « Azincourt, la mère de toutes les défaites » de *Superfail*, émission animée par Guillaume Erner sur France Culture, le 25 octobre 2020.

La guerre de Cent Ans (II) :
l'intervention de Jeanne d'Arc

La situation du royaume de France au début du XVe siècle est catastrophique : le roi Charles VI le Fou est incapable de gouverner ; le conflit entre deux clans aristocratiques, un allié aux Anglais et un autre fidèle au fils de Charles VI, s'accentue ; une partie de la France est sous domination anglaise et Henri V obtient le droit de devenir roi de France.

Le tournant de 1429

En 1422, tout est remis en cause, car Henri V meurt avant Charles VI. C'est le fils d'Henri V qui hérite du droit à la couronne, mais il n'est âgé que de quelques mois au moment où Charles VI meurt. En attendant que le jeune garçon soit en âge de gouverner, la guerre contre Charles, le Dauphin déchu réfugié chez les Armagnacs dans la région de la Loire, continue.

Ce conflit entre dans une période complexe. Les Anglais se retrouvent sans roi, c'est donc le frère d'Henri V qui gère les affaires. Le Dauphin Charles, qui se proclame roi de France à la mort de son père, mais n'est pas encore sacré, tente une première fois de faire alliance avec les Bourguignons. Mais les alliances qu'il parvient à nouer mécontentent ses alliés armagnacs. Au niveau militaire, en outre, la situation n'est pas brillante pour Charles. Les Anglais et les Bourguignons contrôlent solidement la

déchu, e *adj.*
丧失（权利，地位）的

moitié nord de la France et la Guyenne.

En 1429, installé dans son château de Chinon, Charles accueille une jeune paysanne de 17 ans nommée Jeanne. Jeanne vient lui apporter un message qui, dit-elle, viendrait de Dieu lui-même. Le message divin est clair : le Dauphin est le roi légitime du royaume et doit « bouter les Anglais en dehors de la France ».

bouter (hors, dehors) *v.t.*
赶出；驱逐

Cela faisait en fait plusieurs années que Jeanne entend de telles voix et qu'elle en parle aux autorités. Les premières, elle les a entendues en 1425, année où son village, Domrémy, est attaqué par les Bourguignons. Dans un premier temps, les autorités ralliées au Dauphin Charles se moquent de cette jeune fille. Ayant appris que la ville d'Orléans était attaquée par les Anglais, Jeanne insiste et elle obtient finalement une entrevue avec le roi.

Jeanne d'Arc, élément de la stratégie de reconquête du pouvoir

Il est difficile de savoir si l'entourage de Charles croit en son message. Mais la question importe finalement peu. Le plus important, c'est que les soutiens du Dauphin comprennent très vite l'avantage symbolique et politique qu'ils peuvent obtenir avec cette jeune fille. Si le fils de Charles VI est soutenu par Dieu, sa guerre est légitime, son statut de Dauphin également. Par ailleurs, on pense que la présence de cette jeune femme peut redonner le moral aux troupes, qui ont perdu confiance après les nombreuses défaites subies.

Jeanne gagne la confiance de Charles et de son entourage. De l'avis même des soutiens de Charles, Jeanne est une fille

puceau, elle *n.* et *adj.*
[俗] 童男（的）；童女（的）
la Pucelle
童贞少女（指圣女贞德）

orthodoxie *n.f.* 正统性

délivrer *v.t.* 解救，拯救

avisé, e *adj.*
深思熟虑的，考虑周密的

sans encombre *loc.adv.*
毫无困难地

d'esprit et intelligente. En outre, elle respecte l'idéal catholique de la Sainte : elle n'a jamais eu de relation avec un homme, d'où son surnom de « Pucelle ». Cela a été vérifié, tout comme son orthodoxie.

Pour la faire venir à Chinon, Jeanne avait été habillée en homme, ses cheveux coupés. C'est ainsi qu'elle rejoint l'armée, qui se prépare justement à aller délivrer la ville d'Orléans. Jeanne participe à l'attaque qui devient la première victoire de Charles : le 8 mai 1429, les Anglais partent. Plusieurs autres victoires suivent celle d'Orléans.

Les conseils avisés de Jeanne

Au fur et à mesure que les armées de Charles avancent, des différences d'opinion apparaissent dans son entourage. Plusieurs conseillers poussent Charles à poursuivre la lutte armée. Quant à Jeanne, elle presse Charles d'aller à Reims pour se faire sacrer roi. On a pu dire que Jeanne montrait là une grande intelligence politique. Ou alors que, en tant que fille du peuple, elle considérait que, pour faire un roi, il fallait un sacre et un couronnement. Quoi qu'il en soit, son opinion rejoint en fait celle de Charles. En 1423, ce dernier avait déjà tenté d'aller à Reims pour se faire sacrer, mais la situation militaire l'en avait empêché.

La route vers Reims est risquée, car la ville se trouve en territoire bourguignon. Cependant, le voyage se fait sans encombre, et Reims ouvre ses portes à Charles. Le 17 juillet 1429, le Dauphin est sacré roi de France, sous le nom de règne de Charles VII.

La question religieuse française au Moyen Âge a une

importance politique considérable pour le pouvoir royal et pour la société. En se faisant sacrer, qui plus est grâce au soutien d'une jeune femme qui se disait envoyée par Dieu, Charles VII remporte une victoire symbolique décisive contre les Anglais. De ce fait, le roi choisira peu après de renoncer momentanément au conflit armé, afin de casser l'alliance entre Anglais et Bourguignons. La mission de Jeanne est donc théoriquement terminée.

COMPRÉHENSION DU TEXTE

I. Complétez les phrases.

1. Quand le Dauphin Charles veut faire alliance avec les _____, ses alliés armagnacs ne sont pas contents.

2. Jeanne est née dans le village de _____.

3. La délivrance de la ville de _____ constitue la première victoire de Charles.

4. Le Dauphin Charles est sacré roi de France dans la ville de _____.

II. Vrai ou faux.

1. Après la mort d'Henri V, c'est son frère qui est monté au trône.

2. En 1429, Charles VI accueille Jeanne dans son château de Chinon.

3. La Pucelle est le surnom de Jeanne.

4. Le Dauphin Charles s'est fait sacrer en 1423.

III. Répondez aux questions.

1. Pourquoi dit-on que la situation du royaume de France au début du XVe siècle est catastrophique ?

2. Quel est le contenu du message divin apporté par Jeanne ?

3. Quel est le rôle de Jeanne dans le sacre du Dauphin Charles ?

IV. Version.

Il est difficile de savoir si l'entourage de Charles croit en son message. Mais la question importe finalement peu. Le plus important, c'est que les soutiens du Dauphin comprennent très vite l'avantage symbolique et politique qu'ils peuvent obtenir avec cette jeune fille. Si le fils de Charles VI est soutenu par Dieu, sa guerre est légitime, son statut de Dauphin également. Par ailleurs, on pense que la présence de cette jeune femme peut redonner le moral aux troupes, qui ont perdu confiance après les nombreuses défaites subies.

EXTENSION

Sujets d'exposé ou de rédaction :

1. Cherchez ce qui est arrivé au village natal de Jeanne d'Arc pendant la guerre de Cent Ans. En quoi ces évènements ont pu motiver Jeanne à aller aider le roi de France ?

2. Est-ce que vous connaissez des héroïnes chinoises bien connues comme Jeanne d'Arc ? Présentez-les à vos amis français.

À DÉCOUVRIR

Le sacre de Charles VII

L'archevêque de Reims entra dans sa ville samedi matin. Le soir, après dîner, le roi y entra à son tour, accompagné de ses gens. Dans la ville, Jeanne la Pucelle attirait de nombreux regards.

Le lendemain, dimanche, on ordonna que le roi recevrait son digne sacre. On trouva dans la ville tous les accessoires nécessaires à la cérémonie. Le roi envoya ses hommes chercher l'abbé de Saint Rémi et la Sainte Ampoule contenant l'huile sainte.

L'archevêque la prit et la mit sur l'autel de l'église. Alors vint le roi, revêtu de ses habits de cérémonie. L'archevêque, avec la solennité qu'exigeait sa fonction, fit faire au roi les serments accoutumés, puis Charles reçut l'onction et la couronne.

Jeanne la Pucelle, grâce à qui avait lieu le couronnement, se tenait à proximité, son étendard à la main. Elle se mit ensuite à genoux devant le roi, lui baisa le pied et pleurant à chaudes larmes, dit : « Gentil roi, ainsi se réalise le désir de Dieu qui voulait que vous veniez à Reims pour recevoir le sacre et montrer que vous étiez le vrai roi, celui à qui appartient le royaume ! ».

Le roi resta trois jours à Reims. Puis, comme le voulait la coutume, il se rendit à Corbeny, à six lieues de Reims, pour toucher le cou des gens du peuple atteints de la maladie des écrouelles[1].

D'après Guillaume Cousinot de Montreuil[2], *Chronique de la Pucelle*, Chapitres 58 et 59, rédigée dans les années 1450. Genève : Éditions Slatkine - Megariotis Reprints, 1976, pour le texte présenté.

---

1 Maladie provoquant l'apparition de gonflements au niveau du cou. Selon la coutume, le sacre donnait au roi le pouvoir de guérir les malades par le toucher.
2 **Guillaume Cousinot de Montreuil** (1400-1484) : Homme de loi et historien français.

Chapitre 9

La guerre de Cent Ans (III) :
la fin du conflit et ses conséquences

Charles VII s'éloigne de Jeanne d'Arc

Désormais sacré, Charles VII a atteint son objectif : il est le roi légitime du royaume de France. Dès lors, il commence à se détourner de Jeanne d'Arc. Le 24 décembre 1429, pour remercier Jeanne de son aide, Charles VII anoblit sa famille. Il donne également des fonctions d'État à certains des membres de sa famille.

anoblir *v.t.*
封为贵族，授以爵位

Après cela, le roi n'écoute plus Jeanne. Il décide de reprendre sa liberté d'action et d'affirmer son autorité. Il tente de se réconcilier avec le duc de Bourgogne, qui est allié avec les Anglais. Le roi opte donc pour une solution diplomatique. Quant à Jeanne, elle veut continuer de combattre.

À la tête d'un groupe d'hommes armés indépendant de l'armée royale, Jeanne entreprend des initiatives solitaires, désordonnées et surtout sans succès. Finalement, le 23 mai 1430, elle est capturée à Compiègne, au nord de Paris, par les Bourguignons.

L'objectif du procès et de l'exécution de Jeanne d'Arc

Les Anglais achètent Jeanne d'Arc aux Bourguignons. Après avoir obtenu la prisonnière, ils organisent un procès contre celle-ci, l'accusant d'être une sorcière. Cette démarche des Anglais

sorcier, ère *n.* 巫师，巫婆

demande quelques explications : quel est l'intérêt pour les Anglais de faire condamner Jeanne d'Arc pour sorcellerie ? Il s'agit d'une stratégie politique tout à fait pertinente à l'époque.

Qu'est-ce qu'une sorcière au Moyen Âge ? C'est une femme vouant un culte au diable au travers des rites ignobles (magie, consommation d'enfants, etc.). En d'autres mots, c'est la représentation de l'exact contraire du bon chrétien.

ignoble *adj.*
卑鄙的；极坏的

Jeanne d'Arc est intimement liée à la légitimité de Charles VII, puisqu'elle l'a conduit à Reims pour se faire sacrer, c'est-à-dire pour être le roi de France choisi par le Dieu des chrétiens. Or, si elle est reconnue coupable de sorcellerie, cela signifierait que Charles VII n'a pas été reconnu par Dieu, mais par son contraire, le Diable. Toute la valeur du sacre de Reims serait perdue, et le fils d'Henri V pourrait à son tour revendiquer sa légitimité.

Le procès de Jeanne d'Arc a lieu à Rouen. Il est tenu par Pierre Cauchon, un homme d'Église favorable aux Anglais. Le procès ne parvient pas à la condamner comme sorcière, mais comme hérétique. La raison : elle a porté des habits d'homme, chose interdite pour une femme par la Bible.

hérétique *adj.* et *n.*
信奉异教的；异教徒

Dans un premier temps, elle avoue ses fautes, elle est donc condamnée à la prison à vie. Bien que ces aveux portent déjà un coup terrible à la légitimité de Charles VII, les Anglais ne sont pas satisfaits de cette condamnation. Mais la situation change rapidement : Jeanne remet des habits d'homme et revient sur ses aveux.

Dans le système judiciaire médiéval, commettre de nouveau un crime déjà commis dans le passé est une chose grave entraînant la peine de mort pour le coupable. En remettant des habits masculins, Jeanne se rend coupable de récidive et est donc condamnée à mort. Jeanne est d'abord excommuniée, puis est brûlée vive le 30 mai 1431. Ses restes sont brûlés deux fois et jetés dans la Seine. L'objectif est d'empêcher quiconque de se recueillir sur sa dépouille.

récidive *n.f.* 重犯，累犯

excommunier *v.t.* 逐出教会，开除教籍

dépouille *n.f.* 遗体，遗骸

La France victorieuse

La tentative des Anglais pour discréditer le roi échoue. Le procès n'a pas affecté la popularité de Jeanne d'Arc auprès du peuple, et il n'a pas arrêté Charles VII dans sa marche victorieuse. Néanmoins, même si Charles VII est alors assuré de garder son titre de roi, il souhaite faire réviser le procès pour réhabiliter Jeanne d'Arc. Mais dans un premier temps, il s'occupe pleinement de mettre fin au conflit.

discréditer *v.t.* 使失去威信

réhabiliter *v.t.* 恢复（某人）名誉

De fait, depuis 1429, la France prend l'avantage sur les Anglais. Les Anglais doivent en effet non seulement faire face aux armées de Charles VII, mais aussi aux soulèvements qui se produisent dans certaines régions qu'ils contrôlent. En outre, en 1435, l'alliance entre les Anglais et les Bourguignons prend fin. En effet, prenant conscience que Charles VII a pris l'avantage, et encouragés par plusieurs grandes villes voulant la fin du conflit pour des raisons économiques, les Bourguignons se rallient à Charles VII. Cet évènement marque un tournant décisif dans ce conflit.

soulèvement *n.m.* 暴动，造反

Sur le plan tactique, une avancée technologique permet aux Français de vaincre plusieurs fois les armées anglaises : l'artillerie, avancée rendue possible par l'arrivée en Europe, depuis la Chine,

tactique *adj.* 战术的，策略的

artillerie *n.f.* 炮，火炮；炮兵（部队）

de la poudre explosive. L'utilisation de l'artillerie donne à Charles VII un avantage notable lors des dernières batailles contre les Anglais en Guyenne. À l'issue de la chute de Bordeaux, en 1453, les Anglais cèdent définitivement la Guyenne au royaume de France.

Après la perte de la Guyenne, les Anglais ne conservent plus que la ville de Calais. Bien qu'aucune paix ne soit signée, il n'y a plus aucune bataille opposant Français et Anglais sur le continent européen par la suite. C'est pourquoi l'année 1453 marque, pour de nombreux historiens, la fin de cette guerre qui aura duré 116 ans.

Les conséquences de la guerre de Cent Ans

Cette guerre a de nombreuses conséquences, en France comme en Angleterre. Nous ne prendrons que deux exemples : le recul de l'usage de la langue française en Angleterre et la transformation de la noblesse française.

Avant la guerre de Cent Ans, la noblesse anglaise est, comme le roi d'Angleterre lui-même, majoritairement francophone. Elle descend en effet des compagnons de Guillaume le Conquérant, un noble de Normandie qui a pris le pouvoir en Angleterre. La bourgeoisie anglaise est également francophone. L'usage du français subit deux grands chocs au cours de cette guerre : d'une part, l'épidémie de peste, arrivée en Angleterre en 1348, a décimé la population citadine de l'Angleterre (Londres perd la moitié de ses habitants). Or c'est précisément dans les grandes villes que vivent les bourgeois et les nobles, donc l'essentiel des locuteurs du français. Pour repeupler ces villes, on fait appel à des populations

décimer *v.t.*
造成⋯⋯的大量死亡

rurales qui ne sont pas francophones. Outre cette épidémie, la défaite anglaise en 1453 fait chuter le prestige du français dans les classes aisées d'Angleterre[1], ce qui a pour conséquence de faire reculer davantage l'usage du français.

Comme la noblesse anglaise, la noblesse française subit les ravages de l'épidémie de peste. Mais les batailles sont également l'occasion de pertes énormes dans la population noble. Comme nous l'avons vu, les chevaliers qui participent aux batailles sont issus de la noblesse. Or, les batailles de Poitiers et d'Azincourt, remportées par l'Angleterre, voient disparaître jusqu'à 70% de la chevalerie française. Une partie de la noblesse doit donc se renouveler, si bien qu'au début du XVIe siècle, seule une minorité de nobles peut faire remonter son entrée dans la noblesse avant le XIVe siècle. Ce renouvellement forcé de la noblesse affaiblit son pouvoir, tandis que le pouvoir du roi Charles VII ressort grandi.

---

1   La guerre de Cent Ans a permis le développement, en Angleterre mais aussi en France, d'un sentiment patriotique qui a distingué les deux pays. Avant la guerre de Cent Ans, le roi d'Angleterre était pratiquement français, en tout cas français de langue et de culture, comme la noblesse anglaise. Avec tous les efforts des rois d'Angleterre pour conquérir le pouvoir en France, les Anglais ont bien pris conscience de leur « anglicité ». Par conséquent, la défaite contre la France a été l'occasion d'une affirmation de la langue anglaise, par sentiment anti-français.

COMPRÉHENSION DU TEXTE

I. Complétez les phrases.

1. Le 23 mai 1430, Jeanne d'Arc est capturée à Compiègne par les _____.

2. Le procès de Jeanne d'Arc a lieu à _____, et c'est là qu'elle est brûlée vive en 1431.

3. Pour de nombreux historiens, l'année _____ marque la fin de la guerre de Cent Ans.

4. Guillaume le Conquérant est un noble de _____ qui a pris le pouvoir en Angleterre.

II. Vrai ou faux.

1. Quand le roi Charles VII veut combattre avec les Anglais, Jeanne d'Arc préfère la solution diplomatique.

2. Durant son procès, Jeanne d'Arc a remis des habits d'homme pour défendre la légitimité du roi.

3. Jeanne d'Arc est condamnée à la mort parce qu'elle est sorcière.

4. En 1435, l'alliance entre les Anglais et les Bourguignons marque un tournant décisif dans les conflits franco-anglais.

III. Répondez aux questions.

1. Pourquoi les Anglais tiennent à condamner Jeanne d'Arc comme sorcière ?

2. Quelles sont les causes principales de la défaite des Anglais ?

3. À l'issue de la guerre de Cent ans, pourquoi les nobles français sont-ils affaiblis ?

IV. Version.

Sur le plan tactique, une avancée technologique permet aux Français de vaincre plusieurs fois les armées anglaises : l'artillerie, avancée rendue possible par l'arrivée en Europe, depuis la Chine, de la poudre explosive. L'utilisation de l'artillerie donne à Charles VII un avantage notable lors des dernières batailles contre les Anglais en Guyenne. Après la perte de la Guyenne, les Anglais ne conservent plus que la ville de Calais. Bien qu'aucune paix ne soit signée, il n'y a plus aucune bataille opposant Français et Anglais sur le continent européen par la suite.

EXTENSION

Sujets d'exposé ou de rédaction :

1. Est-ce que vous connaissez des monuments historiques à Reims ou à Rouen ? Lesquels ?

2. Est-ce que vous avez lu des livres ou vu des films sur Jeanne d'Arc ? Faites une présentation pour vos camarades.

À DÉCOUVRIR

Que représente Jeanne d'Arc ?

♦ **Texte 1**

Jeanne d'Arc a incarné, tour à tour, deux valeurs principales : l'unité nationale et la résistance face à l'envahisseur.

Au milieu du XVIIIe siècle, Jeanne d'Arc, fille du peuple, devient la représentante de la nation. Elle perd alors un peu de son statut d'héroïne de la royauté. Petit à petit, elle glisse dans le camp républicain, notamment pendant la Révolution. Napoléon, alors en guerre contre les Anglais, utilise également son image. Enfin, à partir de 1840, son image est entièrement républicanisée sous la plume d'un historien républicain, Jules Michelet[1].

Tout change à partir de la défaite de 1870 contre la Prusse. Jeanne devient alors le symbole des provinces perdues, l'Alsace et la Lorraine où elle est née. Ce nationalisme prend une dimension de plus en plus militariste. En même

---

1 **Jules Michelet** (1789-1874) : Historien et écrivain français.

temps, l'héroïne se retrouve accaparée par la droite catholique : ils reprennent la symbolique de Jeanne d'Arc, envoyée par le Ciel pour sauver la France.

D'après Charles de Saint Sauveur, « Symbole : Jeanne d'Arc dépasse les clivages », dans *Le Parisien*, le 8 mai 2016.

♦ **Texte 2**

Une enfant de douze ans, une toute jeune fille confondant la voix de son cœur avec la voix du ciel décide de faire ce que les hommes ne peuvent plus faire : sauver son pays. Elle attend ses 18 ans, et ensuite elle se jette dans la guerre. Souvent blessée, jamais découragée, elle rassure les vieux soldats, entraîne tout le peuple qui devient soldat avec elle. Elle protège la France de son corps. Dès le premier jour, devant Orléans, cette ravissante image de la patrie entraîne le peuple qui oublie son péril et décide de sortir des murs, sous le regard effrayé des Anglais.

Finalement abandonnée par le roi et par le peuple qu'elle a sauvé, elle soutient, jusqu'au dernier moment, l'autorité de la voix intérieure par laquelle elle a agi.

Souvenons-nous toujours, Français, que la patrie chez nous est née du cœur d'une femme, de sa tendresse et de ses larmes, du sang qu'elle a donné pour nous.

D'après Jules Michelet, *Jeanne d'Arc*, Introduction, Paris : Hachette, 1856.

Histoire culturelle 2

Le Moyen Âge, un âge sombre ?

Dans l'histoire académique française, le Moyen Âge commence en 476, soit l'année de la chute de l'Empire romain d'Occident, et se termine en 1492 avec l'arrivée de Christophe Colomb en Amérique.

Situé entre l'Antiquité et l'époque moderne, le Moyen Âge est la période ayant la réputation la plus sombre dans la culture populaire française. Le nom, en lui-même, n'encourage guère une impression positive sur cette période : une période « moyenne », c'est-à-dire entre deux périodes plus importantes, plus valorisées.

Le Moyen Âge fait office de période obscure, peuplée de gens sales, non-éduqués, et marquée par une violence inouïe. La langue française se fait l'écho de cette perception négative : l'adjectif « moyenâgeux » est parfois utilisé dans un sens péjoratif, pour désigner des faits ou des comportements qui ne devraient plus exister dans une société moderne.

Pourtant, en y regardant de plus près, l'idée d'une période sombre est incompatible avec les faits. Que ce soit dans le domaine architectural, culturel, sanitaire, politique ou technique, le Moyen Âge a en effet été l'époque de progrès notables.

L'objectif de ce chapitre est de contrebalancer l'idée associant l'époque médiévale à une période sombre. Pour cela, nous évoquerons les avancées qui se sont produites en France durant cette période dans les domaines cités précédemment.

faire office de 充当，作为

contrebalancer *v.t.* 抵销，补偿；使平衡

Hygiène

Beaucoup croient que les gens au Moyen Âge étaient sales. Cette vision, largement diffusée dans les films français, est très loin de la réalité. En effet, au Moyen Âge, au contraire, on se lave énormément. On se lavait plusieurs fois par semaine, soit dans une rivière, soit dans des bains publics, soit à la maison. Pour les bébés, on recommande même à l'époque plusieurs bains par jour.

Par contre, dans les périodes suivantes, on se lave beaucoup moins. En effet, après le Moyen Âge, l'eau est assimilée à un danger pour le corps humain. À l'époque moderne, on la soupçonne de pénétrer, pendant la toilette, dans les organes internes et de leur faire du mal, tandis qu'au début de la période contemporaine, on dit qu'elle fait perdre à l'homme son odeur animale, et donc sa vitalité...

Le domaine architectural

Dans le domaine architectural, le Moyen Âge est une époque d'avancées dont on peut encore admirer les témoignages aujourd'hui. À cette époque, les seigneurs locaux s'enrichissent. Ils ont donc besoin de se protéger de façon plus efficace. C'est ainsi qu'apparaissent, dès le IXe siècle, les forteresses défensives monumentales, appelées plus communément « châteaux forts ». Ce sont des lieux de vie pour la noblesse locale et de protection pour les populations alentour en cas d'attaque.

L'autre manifestation des avancées architecturales de l'époque médiévale est très connue : il s'agit des cathédrales. Il existe déjà des cathédrales dans l'Antiquité, mais c'est véritablement à l'époque médiévale qu'elles deviennent les bâtiments vastes et monumentaux que nous pouvons encore voir aujourd'hui. La construction de la cathédrale de Notre-Dame de Paris commence ainsi en 1163. La construction de tels bâtiments, avec les contraintes que les dimensions supposent (notamment la résistance des murs au vent) peut être considérée comme une forme de progrès.

La vie culturelle

Contrairement à ce qu'on peut souvent entendre, la vie culturelle au Moyen Âge était riche. La vie des classes populaires est alors rythmée par de nombreuses fêtes. Parmi celles-ci, le carnaval, fête durant laquelle il est possible de se moquer des seigneurs féodaux. Quoique cette fête soit encadrée par l'Église, les déguisements qui sont utilisés à cette occasion renvoient parfois à d'anciens cultes païens, par exemple celui de la fertilité de la nature.

païen, enne *adj.*
多神教的；拜物教的

Dans le monde intellectuel, le Moyen Âge est surtout l'époque de la création des universités. Ce mouvement de création n'est pas spécifique au royaume de France, mais il y sera très vigoureux, avec notamment la création des universités de Paris et de Montpellier. C'est au XIIIᵉ siècle qu'est fondé l'ancêtre de la Sorbonne, par le théologien Robert de Sorbon (1201-1274). Bien que l'enseignement y soit majoritairement aux mains d'hommes d'Église, les séculiers pouvaient y avoir accès. En outre, ces études permettaient d'accéder à des métiers laïcs.

théologien, enne *n.* 神学家

séculier, ière *n.* 世俗人

C'est également au Moyen Âge, plus précisément entre le IXe et le Xe siècle, qu'apparaît l'ancien français, dans les régions du nord du royaume. En revanche, les premières traces de la littérature en ancien français dans le royaume de France datent de la fin du XIIe siècle (avec par exemple la *Chanson des Saisnes*, chanson de geste[1] écrite par Jean Bodel). Sur ce point, le royaume de France est certes un peu en retard : la littérature en ancien français apparaît d'abord en... Angleterre avec *Le voyage de Saint Brendan*, récit daté du début du XIIe siècle. En effet, l'aristocratie anglaise, ainsi que le roi d'Angleterre, sont d'origine française, de Normandie plus précisément. L'ancien français est alors une langue très dynamique en Angleterre, et il le reste jusqu'à l'époque de la guerre de Cent Ans. Cette langue devient assez vite une langue de communication dans le royaume et à l'extérieur, notamment pour les croisades[2] et pour certaines foires.

Société et politique

Politiquement, le Moyen Âge est aussi une période de grandes nouveautés. Tout d'abord, l'esclavage disparaît dans le royaume de France. Il est remplacé par le servage. Alors, effectivement, le servage ne permet pas au serf de quitter son lieu de vie ou de se

servage *n.m.* 农奴制

serf, serve *n.* 农奴

---

1 **Chanson de geste** : Genre littéraire médiéval. Il s'agit de récits d'exploits guerriers passés.

2 **Croisades** : Une série d'expéditions militaires européennes (XIe-XIIIe s.) destinées à contester la domination musulmane à Jérusalem, ville du Moyen-Orient.

marier librement. En revanche, il n'est plus considéré comme une chose que le seigneur peut vendre. C'est une forme de progrès. D'ailleurs, à l'époque moderne, l'esclavage réapparaît avec la colonisation de l'Amérique. Encore une fois le Moyen Âge n'est pas synonyme d'absence de progrès.

Enfin, le système monarchique de l'époque moderne naît au Moyen Âge. Nous avons vu dans la guerre de Cent Ans que le pouvoir royal commence véritablement à affirmer sa puissance à cette époque-là.

L'apport des inventions chinoises

L'époque médiévale est également l'époque où arrivent en France plusieurs inventions chinoises. Cette transmission s'est effectuée au contact des Arabes, durant les croisades.

C'est à cette occasion que la France découvre des outils de navigation très importants, le gouvernail et la boussole. La poudre explosive, également, arrive en France à cette époque. Enfin le papier, arrivé un peu plus tard néanmoins : la première fabrique de papier en France ouvre à la fin du XIVe siècle.

- **gouvernail** *n.m.* 舵
- **boussole** *n.f.* 指南针

La France assimile et exploite ces nouveautés venues de Chine. La poudre, par exemple, va permettre d'importants progrès dans le domaine militaire. Nous en avons vu certains exemples dans les chapitres consacrés à la guerre de Cent Ans. Le papier, quant à lui, facilite la reproduction des livres ; en effet, il est plus facile à produire et est moins cher que le parchemin, fait à partir de peau de bête. L'arrivée du papier accompagne les avancées qui se produisent dans le domaine culturel.

- **parchemin** *n.m.* 羊皮纸

Fichiers (D'après Larousse) ⬤

Art roman

Il s'agit de l'art (architecture, sculpture, peinture...) qui s'épanouit en Europe aux XIe et XIIe s., et dont les formes peuvent être très différenciées selon les régions. Voulant créer des lieux de culte pour tenir dans sa main une population en forte croissance, l'Église va susciter la construction ou la reconstruction d'innombrables édifices. L'architecture de ces édifices est simple et présente peu d'ouvertures.

Art gothique

Il s'agit d'une forme d'art, en particulier architectural, qui apparaît en Ile-de-France au cours des années 1140 et ensuite s'impose à la plus grande partie de l'Occident, tout en prenant dans chaque pays une coloration particulière. Cette floraison, étalée sur trois siècles, concerne l'ensemble des arts. L'art gothique est surtout présent dans le domaine religieux. Les cathédrales gothiques, comme celles de Paris, Amiens ou Laon, sont vastes et présentent des formes complexes.

COMPRÉHENSION DU TEXTE

I. Complétez les phrases.

1. Le Moyen Âge se termine en _____ avec l'arrivée de Christophe Colomb en Amérique.

2. La construction de la cathédrale Notre-Dame de Paris commence en _____.

3. C'est le théologien _____ qui a fondé l'ancêtre de la Sorbonne.

4. Il est possible de se moquer des seigneurs féodaux dans la fête du _____.

II. Vrai ou faux.

1. À l'époque moderne, on se lave moins à cause du manque d'eau.

2. La littérature en ancien français est apparue d'abord en Angleterre.

3. Sous le servage, le serf a le droit de se marier librement.

4. La première fabrique de papier en France ouvre à la fin du XIVe siècle.

III. Répondez aux questions.

1. Quels sont les progrès faits dans le domaine architectural à l'époque médiévale ?

2. Quelle est la situation de la vie culturelle au Moyen Âge ?

3. Quelles inventions chinoises sont arrivées en France à l'époque médiévale ? Est-ce qu'elles ont joué un rôle important dans la société française ?

IV. Version.

Le Moyen Âge fait office de période obscure, peuplée de gens sales, non-éduqués, et marquée par une violence inouïe. La langue française se fait l'écho de cette perception négative : l'adjectif « moyenâgeux » est parfois utilisé dans un sens péjoratif, pour désigner des faits ou des comportements qui ne devraient plus exister dans une société moderne. Pourtant, en y regardant de plus près, l'idée d'une période sombre est incompatible avec les faits. Que ce soit dans le domaine architectural, culturel, sanitaire, politique ou technique, le Moyen Âge a en effet été l'époque de progrès notables.

Histoire de France

Sujets d'exposé ou de rédaction :

1. Est-ce que vous avez vu des films dans lesquels le Moyen Âge est représenté comme une époque sombre ? Lesquels ?

2. Le Moyen Âge correspond à quelle époque en Chine ? Faites une brève présentation en français.

Partie III

L'époque moderne

Introduction

Au XVIᵉ siècle, le monde européen est secoué par de nombreux changements. La découverte d'un nouveau continent se produit au moment où l'on redécouvre les classiques de l'Antiquité. Paradoxalement, c'est à partir de ces redécouvertes que surgissent de nombreuses nouveautés, et la France n'échappe pas à cette tendance. Les nouveautés dans le domaine culturel redéfinissent les paysages et les œuvres d'art français. Dans le domaine religieux, le catholicisme, bien qu'établi solidement, voit sa place dans la société et dans le monde politique contestée. La monarchie française s'en retrouve impactée, mais parvient à trouver, dans ce siècle et le suivant, les moyens de se renforcer, jusqu'à atteindre son apogée. Enfin, le nouveau continent suscite la convoitise des rois, qui tentent d'en profiter pour agrandir leur royaume.

Chapitre 10

La Renaissance

L'Italie, nouveau centre de l'Europe au XVIe siècle

À la faveur de plusieurs évènements, culturels et politiques, ayant marqué la deuxième moitié du XVe siècle, l'Italie devient le centre du monde culturel européen. Son influence en France a été très importante dans de nombreux domaines.

Dans la moitié sud de l'Italie, le royaume de Naples est gouverné, depuis sa création en 1282, par la maison d'Anjou, maison cadette des Capétiens. En 1442, celle-ci perd le contrôle de ce territoire, et en 1480, le dernier de leurs représentants meurt sans héritier. À partir de ce moment-là, la France lance plusieurs guerres pour affirmer son droit de gouverner ce territoire. Jusqu'au milieu du XVIe siècle, 11 guerres sont menées.

Le résultat politique et militaire de ces guerres est assez défavorable à la France. Mais durant leurs campagnes militaires, les rois ont rencontré et rapporté des artistes italiens, ainsi qu'une certaine inspiration. Ils vont ainsi aider à la progression d'un modèle italien en France. Ce modèle se retrouve dans de nombreux domaines, notamment l'architecture.

> **campagne** *n.f.*
> 出征，战役

Des châteaux avec une nouvelle apparence

À la fin du XVe siècle, la demeure seigneuriale habituelle reste le château fort. Son architecture est défensive. L'objectif était de se protéger contre les agressions venues d'un seigneur voisin ou

siège *n.m.* 包围，围攻 •

projectile *n.m.*
投掷物，发射物 •

basse-cour *n.f.*
家禽及兔子饲养场 •

de plaisance
供娱乐的，供消遣的 •

de l'étranger, et de pouvoir tenir un siège. Le château était entouré d'un cours d'eau, le pont menant à l'intérieur pouvait se relever, des projectiles pouvaient être tirés d'en haut en toute sécurité. En outre, les murs du château abritaient une cour dans laquelle étaient cultivés des légumes et élevés des animaux de basse-cour.

La situation politique de la France à cette époque rend cette architecture défensive inutile. En effet, la guerre de Cent Ans est terminée, et les seigneurs locaux ne se font plus la guerre entre eux : la France est politiquement unie autour de son roi. De même, les progrès réalisés dans le domaine militaire, notamment avec l'utilisation de la poudre à canon, rendent les défenses médiévales moins efficaces. Les châteaux deviennent donc des lieux de plaisance pour les nobles.

La forme des châteaux change selon le modèle italien. Les murs et les tours ont désormais un toit, la pierre est recouverte de matériaux plus nobles et plus blancs, et on y ajoute des décorations. Les châteaux de cette époque se retrouvent surtout autour de la Loire, par exemple le château de Chambord, dont Léonard de Vinci[1], peintre italien ramené en France par le roi François Ier (dates de règne : 1515-1547), un des personnages emblématiques de la Renaissance en France, aurait participé à l'élaboration des plans.

La cour des châteaux évolue également, de façon tout aussi spectaculaire. Elle abrite au départ un potager, utile pour

---

1 **Léonard de Vinci** (1452-1519) : Artiste et savant italien. Il vit surtout à Florence et à Milan, avant de partir pour la France, en 1516, invité par François Ier.

pouvoir se nourrir en temps de siège. Au XVIe siècle, comme pour l'architecture des châteaux, l'esthétique devient le concept dominant à la conception des jardins. Là encore, l'inspiration est italienne.

L'humanisme en France

Dans le domaine culturel, le XVIe siècle est marqué par la diffusion de l'humanisme en France et dans d'autres royaumes européens. Ce mouvement est d'abord caractérisé par un regain d'intérêt pour les œuvres classiques. Les érudits ne se limitent plus au latin, ils étudient aussi les autres langues prestigieuses de l'Antiquité (le grec et l'hébreu notamment).

> regain   *n.m.*   恢复，复活
>
> érudit, e   *n.*
> 博学者，学识渊博的人

Ce mouvement est le résultat de la meilleure diffusion des connaissances depuis le XIIe siècle. Au XIIe siècle, en effet, on commence à redécouvrir des œuvres littéraires classiques de l'Antiquité. Ces œuvres classiques avaient été perdues en Europe. Néanmoins, elles avaient été conservées par les Arabes, et traduites en arabe. Revenues en Europe, elles sont retraduites en langues classiques et diffusées. Un autre évènement remet à l'honneur les classiques : en 1453, les Turcs prennent possession de Constantinople, la capitale de la partie orientale de l'Empire romain. Les érudits fuyant les Turcs arrivent en Italie. Enfin, les humanistes bénéficient aussi des débuts de l'imprimerie en Europe. Désormais, la diffusion des écrits est en effet plus rapide et coûte moins cher.

Par la suite, l'humanisme met l'homme au centre de ses préoccupations. Les érudits veulent mieux le connaître.

autopsie *n.f.* 尸体解剖 •

ligature *n.f.* [医] 结扎 •
artère *n.f.* 动脉 •

Collège de France
法兰西公学院 •

préconiser *v.t.* 提倡，主张 •

Concrètement, les effets peuvent être constatés par exemple dans le domaine médical. En Italie, puis dans le reste de l'Europe, l'anatomie (la connaissance du corps humain) progresse avec les autopsies faites en comités scientifiques. En France, ces progrès amènent un médecin, Ambroise Paré (v. 1509-1590), à mettre au point un procédé primordial pour la chirurgie, la ligature des artères.

C'est dans le souci de transmission de ces connaissances qu'est fondé, en 1530, à l'initiative de François Ier, le Collège des lecteurs royaux, futur Collège de France, où sont notamment enseignés les langues anciennes, les mathématiques et la médecine.

La nouvelle place de la langue française

L'Italie n'est pas qu'un modèle intellectuel et artistique, c'est également un modèle linguistique. Le XVIe siècle est l'époque où de nombreux mots italiens entrent dans la langue française (par exemple : appartement, banque, alarme, concert, etc.), et où les lettrés tentent d'adapter les règles de la langue italienne au français. C'est par exemple à cette époque que, sur le modèle de l'italien, la règle de l'accord de participe passé avec l'auxiliaire *avoir* est développée.

Cette adaptation se fait dans une période d'essor de la langue française. De plus en plus de savants écrivent en français, et plusieurs écrivains, qui utilisent cette langue pour leurs propres œuvres, en préconisent l'utilisation. C'est le cas des poètes de la Pléiade (réunion de sept poètes dont les plus célèbres sont Pierre de Ronsard et Joachim du Bellay), de Michel de Montaigne[1], ou encore de François Rabelais[2], qui critiquent d'ailleurs la place que le latin avait encore à l'époque, dans l'enseignement universitaire notamment. Cette tendance peut alors bénéficier de l'aide du pouvoir royal : alors que l'Église refuse de publier des ouvrages qui ne sont pas en latin, François Ier crée en 1543 la fonction d'imprimeur du roi en langue française.

Cette période a été a *posteriori* nommée Renaissance, bien qu'elle ait commencé avant et qu'elle doive ses redécouvertes du passé aux évènements précédents. En tout cas, cette période a connu des changements importants dont les vestiges sont encore présents dans la France contemporaine, tant dans la culture que dans les paysages. Si les changements culturels sont les plus spectaculaires, les changements dans le domaine religieux seront à l'origine de nombreux troubles en France dans la seconde moitié du XVIe siècle.

---

1 **Michel de Montaigne** (1533-1592) : Philosophe et humaniste français, auteur notamment des *Essais*.

2 **François Rabelais** (v. 1494-1553) : Ecrivain et humaniste français, auteur de *Pantagruel* et de *Gargantua*.

COMPRÉHENSION DU TEXTE

I. Complétez les phrases.

1. Le latin, le grec et _____ sont des langues prestigieuses de l'Antiquité.

2. _____ est la capitale de la partie orientale de l'Empire romain.

3. Le médecin _____ a mis au point la ligature des artères, il est donc considéré comme le père de la chirurgie moderne.

4. Le Collège des lecteurs royaux, futur Collège de France, est fondé sous le règne de _____ .

II. Vrai ou faux.

1. Durant le XVIᵉ siècle, la France a conquis l'Italie à travers une dizaine de guerres.

2. Plusieurs artistes italiens sont venus en France pendant la Renaissance.

3. Les châteaux de la Loire sont édifiés à la fin du Moyen Âge et à la Renaissance.

4. L'humanisme est bien diffusé en France au XVIᵉ siècle.

III. Répondez aux questions.

1. Quelles sont les influences italiennes sur l'architecture française ?

2. Quels sont les facteurs favorables au mouvement de l'humanisme en Europe ?

3. Quels sont les progrès dans le domaine médical ?

4. Qu'est-ce que la langue française a emprunté de l'italien ?

IV. Version.

Cette période a été a *posteriori* nommée Renaissance, bien qu'elle ait commencé avant et qu'elle doive ses redécouvertes du passé aux évènements précédents. En tout cas, cette période a connu des changements importants dont les vestiges sont encore présents dans la France contemporaine, tant dans la culture que dans les paysages. Si les changements culturels sont les plus spectaculaires, les changements dans le domaine religieux seront à l'origine de nombreux troubles en France dans la seconde moitié du XVIᵉ siècle.

EXTENSION

Sujets d'exposé ou de rédaction :

1. Trouvez d'autres châteaux français typiques de la Renaissance et présentez-les à vos camarades.

2. Cherchez le nom d'artistes ou de savants italiens ramenés en France par les rois de France, et faites-en une présentation à vos camarades.

À DÉCOUVRIR

Les défenseurs de l'usage du français à la Renaissance

♦ **Texte 1**

Je ne pense pas que notre langue française soit, comme le prétendent les ambitieux admirateurs des langues grecque et latine, une langue vile et abjecte[1]. Elle n'est pas non plus si pauvre ni incapable de produire quoi que ce soit, pour peu que ceux qui sont amis de leur pays acceptent de l'employer. Cela a été possible par l'action de notre bon roi François Ier, qui a fait honneur aux sciences et à notre langage, si bien que les philosophes, les historiens, les médecins, les poètes et les orateurs hellénistes[2] et latinistes ont appris à parler français.

D'après Joachim du Bellay, *Défense et illustration de la langue française*,

Chapitre IV, 1549.

1　Indigne et méprisable.
2　Spécialistes de la langue grecque.

♦ **Texte 2**

Si j'écris en français, qui est la langue de mon pays, plutôt qu'en latin, la langue de mes professeurs, c'est parce que j'espère que les lecteurs qui ne se servent que de leur raison naturelle toute pure jugeront mieux de mes opinions que ceux qui ne croient qu'aux livres anciens. Je suis certain que ceux qui font preuve à la fois de bon sens et d'étude, c'est-à-dire ceux que je veux pour juges, ne se montreront pas si partiaux pour le latin, et ne refuseront pas d'entendre mes raisons parce que je les explique en langue vulgaire.

D'après René Descartes[1], *Discours de la méthode*, Sixième partie, 1637.

---

1   **René Descartes** (1596-1650) : Mathématicien, physicien et philosophe français.

Chapitre 11

Les guerres de religion

L'Église catholique en crise

La religion n'échappe pas à la vague de bouleversements culturels qui ont lieu au XVIe siècle. L'Église catholique, dont la position est importante dans la vie publique et politique, fait face à une grave remise en cause de son autorité. Cette situation entraîne la France dans une succession de guerres civiles qui vont menacer plus d'une fois l'autorité du roi.

Au XVe siècle, l'autorité de l'Église est affaiblie en son cœur même, à Rome. Les papes, qui résident dans cette ville, n'ont pas toujours un comportement correspondant aux principes religieux. En outre, le clergé, c'est-à-dire les hommes d'Église, est mal formé. Cette situation particulière fait naître une volonté, chez une partie des clercs, mais aussi parmi certains laïcs, de réformer l'Église. Ce qui s'entend alors par « réformer », c'est de retrouver la forme d'origine du christianisme.

C'est dans ce cadre qu'un nouveau mouvement religieux apparaît, dans le Saint Empire romain germanique[1]. Un moine nommé Martin Luther[2] conteste publiquement l'autorité de Rome

---

1 **Saint Empire romain germanique** : Désignation officielle de l'empire fondé en 962 par Otton Ier. Comprenant les royaumes de Germanie, d'Italie et, à partir de 1032, celui de Bourgogne, il est dissous en 1806.

2 **Martin Luther** (1483-1546) : Théologien et réformateur allemand.

en matière de religion. Il conteste également la nécessité d'un clergé dans la société. Cette doctrine nouvelle s'attaque donc aux bases de l'Église catholique.

Le pape envoie une lettre de condamnation à Luther. Ce dernier la brûle en public, ce qui est un crime très grave. Luther est excommunié, néanmoins, il est soutenu par des personnages puissants voulant, eux aussi, une réforme de l'Église. Pour désigner leur action en faveur de Luther, on dit que ces hommes « protestent », cela signifie qu'ils affirment publiquement leur soutien à celui-ci. C'est pour cela qu'on les appelle, jusqu'à aujourd'hui en français, les protestants, et que la doctrine de Luther est appelée le protestantisme.

protestant, e *n.* 新教徒

L'arrivée du protestantisme en France

Cette doctrine se diffuse dans le royaume de France au cours de la première moitié du XVIe siècle. Cette diffusion touche toutes les couches de la société, dont des nobles et des personnages proches du roi. Dès le règne de François Ier, des protestants contestent l'autorité de l'Église.

Cette contestation pose problème au roi de France. En effet, ce dernier est intimement lié à l'Église, car elle fait partie des institutions qui lui confèrent sa légitimité. En outre, d'après les lois du royaume, le roi de France ne peut être que catholique, et doit donc défendre cette religion. C'est pour ces raisons que François Ier, puis son fils Henri II (dates de règne : 1547-1559) tentent de combattre cette doctrine qualifiée d'hérésie.

Cette première offensive du pouvoir royal se produit au

moment où l'essor de la doctrine de « l'Église réformée » (autre nom du protestantisme) s'accélère. Un des principaux centres de développement se situe à Genève, en Suisse. C'est dans cette ville que Jean Calvin[1], un Français ayant adopté les idées de Luther, développe un culte réformé, marqué par une certaine austérité. Calvin a eu une grande influence en France, si bien que les protestants français sont principalement calvinistes.

austérité *n.f.* 严苛，严格

Vers la guerre civile

Le conflit, religieux au départ, s'aggrave quand survient une grande crise politique. En effet, Henri II meurt accidentellement en 1559, et ses trois fils sont encore jeunes. Malgré les efforts de leur mère, Catherine de Médicis, l'autorité royale connaît une période d'affaiblissement. Cette situation exacerbe les conflits qui existaient déjà entre deux grandes familles nobles et leurs soutiens respectifs : d'un côté, il y a les Bourbons, des protestants qui sont cousins avec la famille royale ; de l'autre, on trouve les Guise, des nobles catholiques.

exacerber *v.t.* 加剧，使激化

En 1562, le pouvoir royal choisit de faire alliance avec les Bourbons. À cette occasion, il permet aux protestants de célébrer publiquement leur culte dans certains lieux. Les Guise sont mécontents. Leur chef est peu après à l'origine d'un affrontement

---

1 **Jean Calvin** (1509-1564) : Théologien et réformateur français. Partisan avoué des idées luthériennes, il doit quitter Paris et effectue des séjours à Strasbourg, Bâle et Genève, où il se fixe définitivement en 1541. Il veut faire de cette ville une cité modèle et y instaure une rigoureuse discipline.

altercation *n.f.*
争吵，口角 •

violent avec des protestants. Cette altercation devient le point de départ de la première des huit guerres de religion qui se suivent entre 1562 et 1598.

En 1570, après trois guerres, un traité de paix est signé. Mais les tensions existent toujours. En 1572, pour empêcher la guerre de reprendre et concrétiser la réconciliation, Catherine de Médicis souhaite marier sa fille Marguerite de Valois au prince protestant Henri de Bourbon, roi de Navarre. Paris, ville où le mariage a lieu, est profondément catholique, et la présence de nombreux protestants à l'occasion du mariage crée de lourdes tensions.

Quelques jours après le mariage, un homme tente d'assassiner un chef protestant. Les protestants réclament justice auprès de l'autorité royale, mais la suite des évènements est mal connue. Il est possible que le pouvoir royal, ayant peur de la réaction des protestants présents à Paris, et poussé par le duc de Guise, ait décidé d'éliminer les chefs protestants. C'est ce que font les hommes du duc de Guise le lendemain, jour de la Saint-Barthélémy[1]. Mais les jours suivants, c'est la population parisienne qui s'en prend à tous les protestants de Paris. Des massacres similaires ont lieu dans d'autres villes du royaume. Sur l'ensemble du territoire, entre 5 000 et 10 000 protestants sont tués. Henri de Navarre échappe au massacre en devenant catholique.

Henri IV, roi contesté

Quelques années plus tard, au milieu des années 1580, le

---

1   Cet évènement a eu lieu le 24 août 1572.

---

pouvoir royal connaît une nouvelle crise dynastique. Henri III (dates de règne : 1574-1589), le dernier fils vivant d'Henri II, n'a pas d'enfant. D'après les lois du royaume, son successeur sera son cousin Henri de Navarre. Or, ce dernier est entre-temps redevenu protestant. Aux yeux de la justice, il a de nouveau commis un crime grave. En outre, ne plus être catholique l'empêche d'être roi de France.

Henri III finit par être d'accord avec cette succession. Le camp des Guise proteste à Paris contre le roi. En réaction, Henri III fait assassiner leur chef. Mais peu après, en 1589, c'est le roi qui meurt, assassiné par un moine.

Pour affirmer son autorité, Henri de Navarre, désormais appelé Henri IV (dates de règne : 1589-1610), doit faire la guerre contre les Guise, qui ont formé une Ligue contre lui, et acheter le soutien d'une partie de la noblesse. En outre, il se reconvertit au catholicisme en 1593. Victorieux, il met fin à la huitième et dernière guerre de religion en 1598 avec l'édit de Nantes. Il s'agit d'un édit de tolérance. Le roi y confirme que la religion catholique est la religion du royaume de France, mais il accorde aux protestants des lieux où ils peuvent célébrer leur culte en toute sécurité.

Cette période de guerres civiles a temporairement affaibli la monarchie. Bien qu'Henri IV réussisse à mettre fin à ces conflits, l'équilibre du pouvoir reste fragile. Henri IV, lui aussi, meurt assassiné en 1610 alors qu'il prépare une nouvelle guerre. Le travail d'affirmation de l'autorité royale sera poursuivi et mené à son terme par les successeurs d'Henri IV.

COMPRÉHENSION DU TEXTE

I. Complétez les phrases.

1. Dans le Saint Empire romain germanique, un moine nommé _____ conteste publiquement l'autorité de Rome en matière de religion.

2. En 1562, le pouvoir royal choisit de faire alliance avec la famille noble des _____.

3. Les huit guerres de religion se suivent entre 1562 et _____.

4. Le roi _____ meurt assassiné en 1610 alors qu'il prépare une nouvelle guerre.

II. Vrai ou faux.

1. Quand Luther est excommunié, il est brûlé vif.

2. Le roi François Ier soutient publiquement le protestantisme.

3. La famille de Guise lutte pour le catholicisme.

4. Henri de Navarre a changé plusieurs fois de confession.

III. Répondez aux questions.

1. Pour quelles raisons une volonté de réformer l'Église émerge-t-elle en Europe ?

2. Que signifie « être protestant » à l'époque de Luther ?

3. Est-ce que les conflits religieux ont renforcé l'autorité du roi ? Pourquoi ?

4. Pourquoi Catherine de Médicis a voulu marier sa fille à Henri de Navarre ? Est-ce que cela a apporté la paix au pays ?

IV. Version.

Pour affirmer son autorité, Henri de Navarre, désormais appelé Henri IV, doit faire la guerre contre les Guise, qui ont formé une Ligue contre lui, et acheter le soutien d'une partie de la noblesse. En outre, il se reconvertit au catholicisme en 1593. Victorieux, il met fin à la huitième et dernière guerre de religion en 1598 avec l'édit de Nantes. Il s'agit d'un édit de tolérance. Le roi y confirme que la religion catholique est la religion du royaume de France, mais il accorde aux protestants des lieux où ils peuvent célébrer leur culte en toute sécurité.

Sujets d'exposé ou de rédaction :

1. Jeanne d'Arc, les sorciers, les protestants... ont été accusés d'« hérésie ». Ce mot est-il encore utilisé dans la langue française ? Si oui, a-t-il gardé son sens religieux ?

2. Aux XVIe-XVIIe siècles, quelle est la dynastie au pouvoir en Chine ? Est-ce qu'il y a des conflits sociaux comme les guerres de religion évoquées dans ce texte ? Faites une brève présentation en français.

À DÉCOUVRIR

Un témoin du massacre de la Saint-Barthélémy

Je m'étais couché tôt la veille. J'ai été réveillé vers trois heures du matin par le son de toutes les cloches et par les cris de la foule dehors. Mon gouverneur et mon valet sont sortis précipitamment pour voir quelle était la cause de ces cris. Je ne les ai plus jamais revus. Ils ont sans doute été parmi les premiers morts de la fureur publique cette nuit-là. Mon hôte, ayant entendu de quoi il s'agissait, avait décidé d'aller à la messe pour sauver sa vie. Il venait pour me persuader d'en faire autant. J'ai refusé. Je comptais me rendre dans le collège où je faisais mes études. J'ai été saisi d'horreur en voyant ce qui se passait dans la rue. Des individus furieux couraient partout et enfonçaient les portes des maisons en criant : Tue, tue, massacre les huguenots[1]. J'ai été arrêté plusieurs fois dans la rue, mais

---

1 Autre mot utilisé pour désigner les protestants.

heureusement, le livre de prière catholique que je portais sous mon bras m'a sauvé. Le principal de mon collège m'a caché jusqu'à la publication, trois jours plus tard, de l'interdiction de continuer la tuerie et le pillage.

D'après Maximilien de Béthune, duc de Sully[1], *Mémoires de Sully, principal ministre de Henri-le-grand. Tome 1*, 1638. Paris : Jean-François Bastien, 1788, pour le texte présenté.

---

1   **Maximilien de Béthune, duc de Sully** (1559-1641) : Militaire protestant, conseiller puis ministre d'Henri IV.

Chapitre 12

La monarchie absolue[1]

Malgré les attaques que les rois de France ont subies, le XVIe et le XVIIe siècles sont les siècles où s'est bâti un pouvoir renforcé de la monarchie. Les rois français sont de plus en plus puissants. La forme la plus aboutie de la monarchie absolue est atteinte sous le règne de Louis XIV.

Les différents aspects du renforcement du pouvoir royal

Ce renforcement se fait par exemple sur le plan linguistique. Jusqu'au début du XVIe siècle, le latin est la langue de l'administration du royaume. Or, le latin, c'est avant tout la langue de l'Église. La langue du roi et de sa cour est le français. Dans cette situation, la langue de l'Église a une place plus prestigieuse et plus forte que la langue du roi. C'est pourquoi en 1539, en signant l'ordonnance de Villers-Cotterêts, François Ier fait du français la langue de l'administration. C'est une façon pour le roi de renforcer son pouvoir : un roi fort doit parler une langue forte.

De même, l'édit de Nantes, édicté par Henri IV, est également la preuve du renforcement de la puissance royale. Tout en affirmant la place du catholicisme en France, le roi accorde aux

---

1 **Monarchie absolue** : Celle où le pouvoir du monarque n'est contrôlé par aucun autre. (En vigueur en France sous l'Ancien Régime, elle est en fait limitée par les lois fondamentales du royaume.)

protestants des lieux où ils peuvent exercer leur culte. Il s'agit donc d'une affirmation du pouvoir du roi, qui se voit plus puissant que l'Église dont il continue pourtant de tirer sa légitimité.

Le règne de Louis XIII : des débuts difficiles mais un règne fort

À la mort d'Henri IV, en 1610, son fils Louis XIII (dates de règne : 1610-1643) n'a que 9 ans. Sa mère, Marie de Médicis[1], a peur que les cousins du roi, appelés princes du sang, profitent du fait que Louis XIII n'est pas encore en âge de régner pour revendiquer une part du pouvoir. Mais en tant que femme, elle ne peut pas régner. Elle demande donc rapidement d'obtenir la régence du royaume. Ce statut lui permet de gérer les affaires du royaume jusqu'à ce que Louis XIII soit en âge de régner, c'est-à-dire 13 ans.

Ces années de régence (1610-1614), tout comme les premières années de règne personnel de Louis XIII, sont des périodes de crise pour le pouvoir royal. En effet, les nobles en profitent pour réclamer plus de pouvoir. Ils vont jusqu'à lever des impôts et des troupes pour défier l'autorité du roi. Malgré ces oppositions, Louis XIII et son principal ministre, le cardinal de Richelieu[2], s'occupent de renforcer l'autorité royale et la position de la France sur la scène internationale.

régence *n.f.* 摄政；摄政权

lever *v.t.* 征集，征收

---

1 **Marie de Médicis** (1573-1642) : Reine de France. Fille du grand-duc de Toscane, François de Médicis, elle épouse Henri IV en 1600, après l'annulation du mariage de celui-ci avec Marguerite de Valois. Après la mort d'Henri IV, elle assure la régence du royaume jusqu'en 1614.

2 **Cardinal de Richelieu** (1585-1642) : Armand Jean du Plessis, homme d'Église et homme d'État français.

Ils développent la marine et le commerce avec les colonies françaises en Amérique. Ils créent également un corps d'intendants pour assurer l'application des décisions du roi dans les provinces. Louis XIII est également un roi guerrier. Il fait de nombreuses guerres, non seulement dans son royaume pour renforcer son autorité contre les nobles, mais aussi contre les autres monarchies européennes. Il parvient à agrandir le territoire du royaume, mais les impôts nécessaires à toutes ces guerres ont eu pour conséquences de nombreuses révoltes paysannes.

intendant *n.m.*
（旧制度时期的）总督

La deuxième régence, une période de remises en cause du pouvoir royal

À la mort de Louis XIII, son héritier Louis XIV (dates de règne : 1643-1715) n'a que 5 ans. Sa mère, Anne d'Autriche[1], devient donc à son tour régente du royaume, assistée d'un nouveau ministre, le cardinal Mazarin[2]. Comme lors de la précédente régence, certains veulent profiter de l'occasion pour contester l'autorité grandissante du roi. Ce sont tout d'abord les parlementaires[3] de Paris qui se dressent contre le pouvoir royal,

---

1 **Anne d'Autriche** (1601-1666) : Mère de Louis XIV. Elle assure la régence de 1643 à 1651, mais garde une place dans le gouvernement royal jusqu'à la mort de Mazarin en 1661.

2 **Cardinal Mazarin** (1602-1661) : Jules Mazarin, homme d'Église d'origine italienne. Il est d'abord au service de la Papauté, puis des rois de France Louis XIII et Louis XIV. Il succède à Richelieu en tant que principal ministre d'État de 1643 à 1661.

3 **Parlementaire** : Membre du Parlement, institution judiciaire, administrative et politique de la France, au Moyen Âge et sous l'Ancien Régime.

prérogative *n.f.* 特权 •

et la famille royale est obligée de quitter Paris. Ayant obtenu de nouvelles prérogatives, les parlementaires arrêtent leur lutte. Cet épisode des troubles est appelé la Fronde parlementaire.

Rapidement, la famille royale fait face à une nouvelle contestation, plus violente, la Fronde des princes[1]. Sa sécurité étant menacée, la famille royale doit de nouveau quitter Paris. Marqué par cet évènement, Louis XIV impose, dès son règne personnel, un pouvoir fort. D'ailleurs, après la mort de Mazarin en 1661, il décide de diriger seul son gouvernement.

L'absolutisme royal à son apogée

Ce renforcement du pouvoir monarchique est doublé d'une politique de grandeur de la France en Europe et au-delà. Sous Louis XIV, le développement de l'Empire colonial français en Amérique devient une priorité économique. C'est à ce moment-là que la France s'engage dans la traite négrière, qui est le commerce des esclaves africains à destination des colonies américaines.

traite *n.f.* 贩运，贩卖 •

Cette politique de grandeur de la France passe également par la guerre contre les autres monarchies européennes. Les nombreuses guerres que Louis XIV mène durant son règne agrandissent considérablement le territoire français. Il conquiert notamment quelques territoires flamands, au Nord (la région de

---

1 **La Fronde** (1648-1653) : Troubles qui ont éclaté en France pendant la minorité de Louis XIV. Dirigée contre le cardinal Mazarin, impopulaire en raison de sa politique fiscale, la Fronde a connu deux phases : la Fronde parlementaire et la Fronde des princes. La royauté et Mazarin sortent affermis de cette période troublée.

Dunkerque et celle de Lille) et une partie de l'Alsace, à l'Est. Mais toutes ces guerres épuisent les finances du royaume, et certaines ne se passent pas bien. Dans certains cas, ce sont plusieurs monarchies étrangères qui s'allient contre la France, comme quand Louis XIV annule l'édit de Nantes en 1685 et cause l'exode de protestants à l'étranger. À la fin de son règne, il perd également une partie des colonies américaines.

Cette annulation de l'édit de Nantes, qui équivaut à une interdiction du protestantisme dans le royaume, marque l'aboutissement d'une politique religieuse hostile aux protestants comme à toute opposition en matière religieuse[1]. Roi « très chrétien », Louis XIV lutte contre la religion « réformée » en retirant peu à peu ce que leur avait accordé Henri IV. Les nobles protestants à la cour du roi ne sont pas à l'abri : ceux qui veulent recevoir des titres de la part de Louis XIV doivent d'abord se convertir au catholicisme.

L'organisation de la vie culturelle

Avant le règne de Louis XIV, la cour du roi était itinérante : le roi avait plusieurs lieux de résidences, et quand il en changeait, tous ceux qui l'entouraient le suivaient. À partir de 1682, Louis XIV s'installe à Versailles et y fixe la cour. Il s'agit d'une mesure politique. Le Roi-Soleil (de son vivant, il utilise le soleil comme

itinérant, e *adj.*
巡回的，流动的

---

1 La politique religieuse de Louis XIV vise également des courants concurrents minoritaires au sein du catholicisme, notamment la Compagnie du Saint Sacrement, qui regroupait par ailleurs de nombreux anciens frondeurs.

mécénat *n.m.*
对文学或艺术事业的资助 •·······

symbole) attire une bonne partie de la haute noblesse autour de lui, sous sa surveillance. Il prend également soin de l'occuper, en lui accordant des titres et en lui offrant de nombreux spectacles.

Pour pouvoir organiser ces spectacles, auxquels il aime également assister, Louis XIV recourt au mécénat royal. Cela signifie qu'il entretient de nombreux artistes et écrivains qui, en échange, glorifient le Roi-Soleil. Le mécénat se fait par l'intermédiaire des Académies royales encadrant les acteurs de la vie culturelle et artistique[1]. Cette politique, en plus de son intérêt personnel pour la musique et la danse, permet un développement des différents arts. Pour prendre l'exemple de la littérature, c'est sous la protection de Louis XIV que Molière[2] et Jean de La Fontaine[3] ont écrit leurs œuvres.

Quand Louis XIV meurt en 1715, son fils Louis le Grand Dauphin et son petit-fils Louis duc de Bourgogne sont tous décédés avant lui. Il a comme successeur son arrière-petit-fils, Louis XV (dates de règne : 1715-1774), qui n'a alors que 5 ans. Malgré une nouvelle période de régence, le pouvoir absolu du roi n'est pas remis en cause. Cela montre que le régime établi par les précédents rois est désormais bien en place et solide.

---

1 Plusieurs Académies sont créées durant le règne de Louis XIV : l'Académie des inscriptions et belles-lettres, l'Académie royale de danse, l'Académie royale d'architecture, etc.

2 **Molière** (1622-1673) : Jean-Baptiste Poquelin, dit Molière, comédien et dramaturge français. Le roi a par exemple protégé Molière après que ce dernier a critiqué la Compagnie du Saint Sacrement dans sa pièce *Le Tartuffe*.

3 **Jean de La Fontaine** (1621-1695) : Poète français, auteur notamment des *Fables*.

COMPRÉHENSION DU TEXTE

I. Complétez les phrases.

1. La forme la plus aboutie de la monarchie absolue est atteinte sous le règne de _____.

2. Durant le règne de Louis XIII, son principal ministre est _____.

3. Louis XIV est bien marqué par les troubles de _____ (1648-1653) qui ont eu lieu dans sa minorité.

4. Le roi Louis XIV a annulé l'édit de Nantes au cours de l'année _____.

II. Vrai ou faux.

1. En 1539, le français est devenu la langue de l'administration en France.

2. Louis XIII commence à régner dès la mort d'Henri IV.

3. Anne d'Autriche est la mère de Louis XIV.

4. Le Roi-Soleil gouverne toujours avec le soutien du cardinal Mazarin.

III. Répondez aux questions.

1. Par quel moyen François Ier a-t-il renforcé son pouvoir royal ?

2. Qu'est-ce que c'est que la « régence » ? Pourquoi elle provoque des crises au pouvoir royal ?

3. Qu'est-ce que la politique de grandeur a apporté à la France ?

4. Pourquoi Louis XIV a fixé la cour à Versailles ?

IV. Version.

Louis XIII et Richelieu développent la marine et le commerce avec les colonies françaises en Amérique. Ils créent également un corps d'intendants pour assurer l'application des décisions du roi dans les provinces. Louis XIII est également un roi guerrier. Il fait de nombreuses guerres, non seulement dans son royaume pour renforcer son autorité contre les nobles, mais aussi contre les autres monarchies européennes. Il parvient à agrandir le territoire du royaume, mais les impôts nécessaires à toutes ces guerres ont eu pour conséquences de nombreuses révoltes paysannes.

Sujets d'exposé ou de rédaction :

1. À l'aide du contenu du cours et de recherches personnelles, présentez à vos camarades le bilan du règne de Louis XIV.

2. Quelle place Louis XIV tient-il dans la culture populaire française aujourd'hui ? (Vous pouvez donner des exemples de films, de spectacles, de programmes scolaires...)

Versailles, le centre politique et symbolique de Louis XIV

♦ **Texte 1**

Louis XIV explique au Dauphin le rôle des fêtes

Je ne me contenterai pas de vous dire que les plaisirs honnêtes ne nous ont pas été donnés sans raison par la nature : ils peuvent délasser du travail, inspirer l'humanité, adoucir les mœurs, calmer les troubles de l'âme, etc.

Un roi de France peut trouver dans les spectacles de notre cour une autre utilité. Les sujets de notre royaume ont facilement accès au prince. Durant ma minorité et les troubles de mon État, cette facilité avait abouti à la confusion et au désordre. Tout en commençant à me montrer plus réservé vis-à-vis des gens de qualité, je devais conserver et cultiver avec soin tout ce qui, sans diminuer mon autorité et le respect qui m'était dû, suscitait leur affection à mon égard. Cette société de plaisirs, qui donne aux personnes de la cour une honnête familiarité avec nous, les touche et les charme énormément. [...] Par là, nous tenons leur esprit et leur cœur, quelquefois plus fortement peut-être que par les récompenses et les bienfaits. [...]

C'est la raison pour laquelle, mon fils, j'ai été obligé de favoriser des divertissements de cette nature. Vous aussi devrez faire de même.

D'après Louis XIV, *Mémoires pour l'instruction du Dauphin*, 1688.

Pierre Goubert (préfacier), Paris : Imprimerie nationale, coll.

« Acteurs de l'Histoire », 1992, pour le texte présenté.

♦ **Texte 2**

Le Soleil, un symbole central

Il est bon de remarquer d'abord que, comme le Soleil est la devise du Roi, et que les poètes confondent le Soleil et le dieu grec Apollon, tout dans ce superbe château est en rapport avec cette divinité. C'est pourquoi toutes les figures et les ornements qu'on y voit sont en rapport avec le Soleil. [...]

Et toujours sur la base de la devise du Roi, c'est-à-dire le Soleil, les sept pièces formant les appartements du roi ont chacune pour thème une des planètes du système solaire. Ainsi, dans chaque pièce, on voit la représentation d'un Héros de l'Antiquité en rapport avec chacune des planètes et aussi avec les actions de Sa Majesté.

D'après André Félibien[1], *Description du château de Versailles, de ses peintures et d'autres ouvrages faits pour le Roy*, Paris : Denys Mariette, 1696, document accessible sur gallica.bnf.fr.

---

1 **André Félibien** (1619-1695) : Architecte et historiographe français.

La Nouvelle – France : les premières colonies françaises

En 1492, les Européens découvrent l'existence d'un continent à l'ouest de l'Europe, le continent américain, déjà habité. Cette découverte suscite rapidement l'intérêt des principales puissances européennes, sauf la France qui s'engage un peu plus tardivement dans l'effort d'exploration, puis de colonisation, de ce qui est appelé le « Nouveau Monde ».

Les premières explorations

La première expédition française vers ce qui est alors appelé « Le Nouveau Continent » est lancée par le roi François Ier en 1524 et est conduite par le navigateur italien Giovanni da Verrazzano (v. 1485-1528), mais aucune colonisation n'est alors prévue. En effet, l'objectif de François Ier n'est pas de coloniser « Le Nouveau Continent » mais de trouver une route de navigation qui permettrait de rejoindre directement l'Asie. La découverte d'un tel passage donnerait au royaume un avantage commercial notable sur ses concurrents.

L'expédition n'ayant pas trouvé ce passage, François Ier se désintéresse temporairement de cette partie du monde. Néanmoins, l'ensemble des territoires abordés au cours de l'expédition a été baptisé « Nouvelle-France » par Verrazzano.

Dix ans plus tard, en 1534, François Ier mandate un nouveau

---

mandater *v.t.* 委托，委任

navigateur pour rechercher la route directe vers l'Asie. Il s'agit cette fois d'un navigateur français, Jacques Cartier (v. 1491-1557). Celui-ci s'intéresse particulièrement aux territoires d'Amérique du Nord. Entre 1534 et 1542, il mène là-bas trois expéditions. La première (1534) consiste surtout à explorer le golfe de la côte est du Canada et à établir de premiers contacts avec les populations autochtones. Lors du deuxième voyage (1535-1536), l'exploration s'enfonce dans les terres par un couloir maritime. Cartier pense avoir trouvé un passage vers l'Asie, mais il s'agit en fait d'un fleuve, et la faible profondeur l'oblige finalement à faire demi-tour. Lors de ce voyage, il donne au fleuve parcouru le nom de Saint-Laurent, et à ce territoire le nom de Canada, mot qui, dans la langue d'une des populations locales rencontrées, signifie « village ». L'objectif de la troisième expédition (1541-1542) n'est plus de trouver une voie maritime vers l'Asie, mais de préparer une future colonisation, et de sonder les richesses du Canada. C'est globalement un échec : on n'y trouve pas de métaux précieux, et on s'aperçoit qu'on ne peut pas y faire beaucoup de cultures. Ainsi, l'intérêt pour cette partie du monde se fait plus faible.

C'est pourquoi la colonisation française du Canada ne commence qu'au début du XVIIe siècle, avec l'explorateur Samuel de Champlain (entre 1567 et 1570-1635). En 1608, il fonde un comptoir, baptisé « l'Abitation de Québecq ». Les débuts sont difficiles : les maladies emportent la plupart des Français alors présents, tandis que les guerres entre tribus amérindiennes compliquent le développement du comptoir.

C'est au XVIIe siècle également que commence la

autochtone *adj. et n.*
当地的；当地人

comptoir *n.m.*
海外商行，海外分行

colonisation de plusieurs îles des Caraïbes. La première expédition coloniale officielle vers cet archipel est lancée par Richelieu, principal ministre de Louis XIII, en 1626. La colonisation de la Martinique et de la Guadeloupe date de cette époque. Cependant, plusieurs îles des Caraïbes sont déjà aux mains pour les unes des Anglais, pour d'autres des Espagnols ou des Néerlandais, si bien que des conflits surviennent rapidement pour la possession de certaines îles. L'île de Saint-Martin change ainsi plusieurs fois de colonisateur.

L'organisation de la Nouvelle-France

C'est sous le règne de Louis XIV que se produit une accélération du mouvement d'appropriation des territoires

appropriation *n.f.* 占有

américains. Louis XIV organise le peuplement et l'administration de la Nouvelle-France : il envoie des femmes célibataires de condition modeste pour les marier aux colons ; il met en place une administration identique à celle existante en France. Seules absentes, les institutions qui s'opposent ou se sont déjà opposées au roi.

La Nouvelle-France s'agrandit à partir de 1682 avec la prise de possession des territoires autour du fleuve Mississipi. L'explorateur René-Robert Cavelier de La Salle (1643-1687) arrive sur ce territoire avec 23 autres Français et le nomme Louisiane, en l'honneur du roi Louis XIV. La Louisiane apparaît être plus fertile que le Canada, aussi bénéficie-t-elle, peu après la mort de Louis XIV, de la politique coloniale française.

C'est également à cette époque que la France commence

à recourir aux esclaves africains pour exploiter les territoires américains en sa possession. L'utilisation des esclaves africains n'est pas une chose nouvelle : les Espagnols, les Portugais et les Néerlandais y ont déjà largement recours. La France s'insère dans ce commerce esclavagiste, appelé commerce triangulaire : ce commerce relie l'Europe, la côte ouest de l'Afrique et le continent américain.

La perte de la majorité des colonies américaines

À la fin de son règne, Louis XIV se désintéresse de plus en plus du Canada. À l'issue de la guerre de Succession d'Espagne (1701–1713), une guerre européenne, la Grande-Bretagne obtient plusieurs territoires nord-américains à l'origine aux mains des Français. Les Britanniques s'y installent et chassent une partie des populations francophones vers la Louisiane.

Les Britanniques sont également installés sur la côte Est de l'Amérique du Nord. Cette situation devient rapidement problématique : en effet, la Louisiane française gêne le développement des territoires britanniques vers l'Ouest. Cet enjeu est un des points centraux de la guerre de Sept Ans[1]. Se déroulant entre 1756 et 1763 et ayant pour origine les rivalités franco-britanniques, elle va être l'occasion de batailles non seulement en Europe mais aussi dans les colonies des puissances impliquées, donnant à ce conflit une envergure mondiale.

---

1 **Guerre de Sept Ans** : Conflit européen qui a opposé la France, l'Autriche, la Russie, la Suède, l'Espagne et les princes allemands d'une part, à la Grande-Bretagne et la Prusse d'autre part.

La fin de la guerre est largement en défaveur de la France. Avec le traité de Paris, c'est-à-dire le traité qui met fin à cette guerre, la France perd toutes ses possessions des Amériques, hormis des « îles à sucre » (Martinique, Guadeloupe et Saint-Domingue). Le Canada et une partie de la Louisiane sont laissés aux Britanniques, l'autre partie de la Louisiane va aux Espagnols.

Néanmoins, la France ne renonce pas entièrement à intervenir dans les affaires concernant l'Amérique. Durant la guerre d'indépendance des États-Unis (1775-1783), la France envoie en 1778 des troupes pour aider les Américains contre les Britanniques. Cette intervention se révèle décisive pour la victoire américaine.

Plusieurs années plus tard, en 1800, Napoléon est au pouvoir en France. Voulant retrouver l'empire colonial français en Amérique, il récupère la partie espagnole grâce à un traité tenu avec eux. Néanmoins, la France ne possède que peu de temps cette colonie. En 1803, Napoléon décide de vendre la Louisiane aux États-Unis. Elle deviendra finalement en 1812 un des États des USA.

La Nouvelle-France, première colonie française, n'a pas eu une longue existence. Cependant, elle a été à l'origine d'une extension géographique de l'usage de la langue française, encore perceptible aujourd'hui dans la province du Québec et dans quelques localités de la Louisiane, sans compter les départements et régions d'outre-mer dans les Caraïbes et en Amérique du Sud.

COMPRÉHENSION DU TEXTE

I. Complétez les phrases.

1. La première expédition française vers « le Nouveau Continent » est lancée par le roi _____.

2. C'est _____ qui a donné le nom au fleuve Saint-Laurent.

3. La colonisation française du Canada commence au début du _____ siècle, avec l'explorateur Samuel de Champlain.

4. En 1803, Napoléon décide de vendre le territoire de _____ aux Américains, et ce territoire deviendra plus tard un des États des USA.

II. Vrai ou faux.

1. La « Nouvelle-France » est nommée par Jacques Cartier au cours de son expédition.

2. À l'origine, Canada est un nom amérindien issu des langues parlées par les populations locales.

3. C'est Louis XIV qui a lancé la première expédition coloniale officielle vers les Caraïbes.

4. À l'issue de la guerre de Sept Ans, la Louisiane est partagée entre les Britanniques et les Espagnols.

III. Répondez aux questions.

1. Quel est l'objectif de la première expédition française vers « le Nouveau Continent » ?

2. Est-ce que l'expédition menée par Jacques Cartier en 1541 a bien réussi ? Pourquoi ?

3. Quelles politiques Louis XIV a-t-il prises pour gouverner la Nouvelle-France ?

4. Que signifie l'expression « commerce triangulaire » ?

5. Les « îles à sucre » comprennent quels territoires ?

IV. Version.

Voulant retrouver l'empire colonial français en Amérique, Napoléon récupère la partie espagnole grâce à un traité tenu avec eux. Néanmoins, la France ne possède que peu de temps cette colonie. En conclusion, la Nouvelle-France, première colonie française, n'a pas eu une longue existence. Cependant, elle a été à l'origine d'une extension géographique de l'usage de la langue française, encore perceptible aujourd'hui dans la province du Québec et dans quelques localités de la Louisiane, sans compter les départements et régions d'outre-mer dans les Caraïbes et en Amérique du Sud.

EXTENSION

Sujets d'exposé ou de rédaction :

1. Quelles traces reste-t-il de la présence française aux États-Unis ?
2. Connaissez-vous les départements et régions d'outre-mer (DROM) ? Lesquels ?

À DÉCOUVRIR

Colonisation du Québec : retour sur le destin des « filles du Roy »

Lorsque Louis XIV débuta son règne, en 1661, son Conseil, à Versailles, lui suggéra d'abandonner sa « colonie amériquaine ». Car la Nouvelle-France, 127 ans après sa découverte par Jacques Cartier, ne comptait que 3 000 habitants sur une zone de 460 000 km^2. La Nouvelle-Angleterre, colonie de la Couronne britannique, dénombrait, elle, 80 000 âmes sur une superficie de 180 000 km^2. Comment expliquer la faiblesse démographique française ? Depuis le début du XVIIe siècle, la colonisation du territoire s'effectuait sur un modèle économique : les compagnies marchandes installées sur le sol canadien se souciaient davantage de tirer profit du commerce de la fourrure que d'assurer le peuplement de la colonie. Avec le Roi-Soleil, tout changea.

En 1663, le monarque décida de dissoudre la principale compagnie marchande pour instaurer une nouvelle administration coloniale. Désormais, la Nouvelle-France serait dirigée comme une province du royaume avec, à sa tête, un gouverneur, un intendant et un évêque. Tous devaient avoir une priorité : l'importation de colons, notamment des femmes. Car la faible population de la colonie avait un autre défaut : il s'agissait surtout d'hommes, notamment des soldats.

Mais comment donner envie à une femme de s'installer sur cette terre sauvage et hostile ? Jean-Baptiste Colbert, ministre du roi, eut alors une idée : « recruter » des orphelines des maisons de charité du royaume afin de les marier aux colons. De 1663 à 1673, un millier de femmes se laissèrent embarquer pour ces terres neuves.

Ont-elles été volontaires ? « Ce fut, pour une majorité d'entre elles, un choix. Issues de familles terriennes d'Ile-de-France et de l'ouest, elles ont quitté la France avec l'espoir d'accéder à une meilleure condition sociale. Et ce fut le cas », explique l'historienne québécoise Danielle Pinsonneault. En arrivant sur cette terre inconnue, elles prenaient un nouveau départ avec, pour certaines, une dot allant de 50 à 100 livres, soit l'équivalent d'un an de labeur d'un ouvrier de l'époque ! En arrivant, elles bénéficiaient aussi d'un terrain.

À Versailles, la Cour plaisanta sur ces « filles du Roy », âgées en moyenne de 24 ans, vues comme des… filles de « mauvaise vie ». Cette réputation, qui traversa les siècles, est aujourd'hui contestée par les historiens. « Elles étaient, au contraire, plus sages et instruites que leurs contemporaines », affirme Jacques Lacoursière, auteur d'une *Histoire populaire du Québec*, (Éditions du Boréal, 1995). Avant leur embarquement, elles devaient montrer un « certificat de bonnes mœurs » délivré par l'Église.

Après la difficile traversée de l'Atlantique (certaines moururent en route), elles étaient prises en charge et instruites. Ensuite, chacune trouva rapidement un mari car, pour les pionniers déjà présents, l'exploitation des terres étaient désormais soumise « au soutien d'une épouse ». Tout célibataire se retrouvait priver de ses « privilèges de chasse, de pêche et de traite de la fourrure avec les sauvages ».

Résultat, la natalité au sein de la colonie explosa. « La fécondité de ces femmes fut incroyable avec une moyenne de huit enfants par couple », conclut Danielle Pinsonneault. Entre 1663 et 1683, la population de la Nouvelle-France tripla, passant de 3 000 à 9 000 âmes. Lors du recensement de 1698, la colonie comptait 20 000 habitants. Aujourd'hui, les Québécois ont pour habitude de dire, afin de rendre hommage au rôle de ces « migrantes » devenues mères de la nation, qu'il faut être malchanceux pour ne pas descendre de l'une d'elles.

D'après Pierre Antilogus, « Colonisation du Québec : retour sur le destin des 'filles du Roy' », dans *Géo*, 20 mai 2021.

Histoire culturelle 3

XVIIe et XVIIIe siècles, deux siècles de sinophilie en France

sinophilie *n.f.*
亲华，对中国友好

Des contacts de plus en plus fréquents entre Chine et Europe

La Chine est connue des Européens dès l'Antiquité. En effet, les Grecs et les Romains entretiennent avec elle des relations commerciales grâce à la Route de la Soie. Mais l'éloignement et le caractère indirect de ces relations font que les connaissances sur la Chine restent très partielles, avec une grande place aux légendes et aux récits étranges.

Il faut attendre la fin du XIIIe siècle et la publication des récits de voyages en Chine du marchand vénitien Marco Polo (1254-1324) pour que les Français se fassent une idée un peu plus précise de ce qu'est la Chine. Mais plus que les récits de voyages, l'installation de missionnaires jésuites[1] en Chine et la correspondance qu'ils entretiennent avec les lettrés de toute l'Europe se révèlent décisive. C'est par ce moyen que commence une période de forte sinophilie, qui va conduire aux premiers contacts diplomatiques sino-français et à l'élévation de la Chine comme modèle pour la France chez plusieurs philosophes du siècle des Lumières.

missionnaire *n.* 传教士

---

1 **Jésuites** : Membres de la Compagnie de Jésus, une des plus importantes associations de prêtres au service de l'Église catholique.

S'il est commun, avant même le XVIe siècle, pour la noblesse française de collectionner de la porcelaine chinoise, la Chine reste un empire entouré de mystère. Dans l'imaginaire européen en général, on la considère comme un monde fascinant, riche mais également très lointain. Les échanges sont uniquement commerciaux, les ambassades diplomatiques étant très rares.

Plus tard, la demande européenne en produits chinois augmente, ce qui conduit les pays européens dans une course au commerce. Parallèlement, à partir de la fin du XVIe siècle, des missionnaires catholiques, les jésuites, arrivent en Chine et s'y installent, espérant convertir au catholicisme l'empereur chinois. La France ne s'engage que très tard dans ces deux mouvements. Le commerce avec la Chine est surtout contrôlé par les Anglais et les Hollandais, tandis que la majorité des jésuites présents en Chine sont portugais. C'est pourquoi la France tente, dans un premier temps, de nouer des relations avec le Siam (l'actuelle Thaïlande).

Les échanges diplomatiques des XVIIe et XVIIIe siècles

Néanmoins, grâce aux lettres envoyées depuis la Chine par les jésuites et publiées ensuite, les lettrés français du XVIIe siècle commencent à mieux connaître la Chine et développent de la curiosité à son égard. Cette curiosité atteint le roi lui-même : Louis XIV fait construire un Trianon de porcelaine pour Madame de Montespan, sa favorite. En outre, les tentatives de lien avec le Siam initiées par Louis XIV échouent. Ainsi, encouragé par les jésuites français et par les récits qu'ils lui font de cet empire, il est rapidement séduit par l'idée d'envoyer des missionnaires français en Chine.

Louis XIV a plusieurs intentions. Bien sûr, en tant que roi « très chrétien », il espère qu'une éventuelle conversion au catholicisme de l'empereur de Chine lui apportera un supplément de gloire. Mais le Roi-Soleil espère également servir les intérêts de la France dans les domaines du commerce, de la diplomatie et aussi de la science. En effet, on connaît en France l'importance accordée à l'astronomie en Chine. Justement quelques années auparavant, Louis XIV a créé l'Académie des sciences en 1666, puis l'Observatoire de Paris en 1667. Cela montre que l'empereur de Chine et le roi de France partagent un intérêt commun et que des échanges sont possibles.

observatoire *n.m.*
天文台，观象台

Les premiers échanges entre la France et la Chine sont donc scientifiques bien que la finalité principale, pour les jésuites, soit de nature religieuse. Surtout, ces échanges se font avec l'investissement direct des deux souverains. En effet, Louis XIV paie lui-même les frais pour le voyage des jésuites mathématiciens, tandis que l'empereur Kangxi (dates de règne : 1661-1722) les reçoit en Chine à sa cour et leur permet de s'installer dans la Cité Interdite. La mission part en Chine avec des présents que l'on sait très appréciés de l'empereur et de ses proches, notamment des instruments de mesure et des portraits de la famille royale française. Kangxi leur confie diverses tâches nécessitant l'emploi des mathématiques (cartographie, astronomie, etc.).

mission *n.f.* 代表团，使团

cartographie *n.f.*
地图绘制术

Dix ans plus tard, ces échanges prennent une forme plus

armure *n.f.* 盔甲

émail *n.m.* 珐琅；釉

laque *n.f.* 中国漆
n.m. 漆器

diplomatique. Deux jésuites à la cour de Kangxi arrivent en France avec des cadeaux de Kangxi pour Louis XIV, dont des tissus et des habits traditionnels que met Louis XIV à l'occasion d'une fête. Ce dernier envoie en retour de nouveaux présents, notamment des armes, des armures et des objets faits d'émail, très appréciés en Chine. Ces échanges de cadeaux restent néanmoins informels : ils ne se font que par l'intermédiaire des jésuites, qui ne sont pas officiellement des ambassadeurs.

La situation politique difficile de la fin du règne de Louis XIV fait que ce dernier abandonne finalement ses efforts pour créer une alliance diplomatique avec la Chine. La France s'en tient provisoirement à des relations exclusivement commerciales. Cela ne met néanmoins pas fin à la passion des élites françaises pour les objets artisanaux chinois. Le successeur de Louis XIV, Louis XV, est lui-même un grand amateur de laques et de papiers peints chinois. Encouragé par un ministre des finances éminemment sinophile, Henri Bertin (1720-1792), le roi reprend par la suite la pratique de l'échange de cadeaux avec l'empereur Qianlong (dates de règne : 1736-1795). Ces cadeaux, notamment une grande tapisserie, font sensation à la cour de l'empereur. Lui-même fait construire un pavillon au Yuanmingyuan pour les conserver.

La Chine et les intellectuels des Lumières

La sinophilie française du XVIIIe siècle ne concerne pas que la collection des objets artisanaux. Elle est également intellectuelle. Les descriptions de la Chine diffusées par les jésuites alimentent la connaissance des philosophes et des hommes de lettres du siècle des Lumières. Ils tirent de ces récits une vision idéalisée de l'Empire chinois, qu'ils mettent au service de leurs luttes, notamment contre l'Église.

Le XVIIIe siècle est, pour les philosophes français, un moment de combat contre l'obscurantisme religieux. Les philosophes trouvent dans le récit des jésuites installés en Chine des éléments permettant de combattre l'emprise de l'Église sur la société française. Ainsi, le confucianisme devient un modèle, notamment pour Voltaire (1694-1778) et Denis Diderot (1713-1784), car ces derniers le considèrent comme un code moral sans aucun support religieux. De même, Voltaire écrit son admiration de la tolérance religieuse qui existe à la cour de l'empereur, et utilise cet exemple pour critiquer l'intolérance religieuse qui est habituelle en France et dans le reste de l'Europe.

Outre qu'il permet aux philosophes de montrer qu'une morale est possible sans le support de la religion, l'exemple chinois représente pour eux un autre modèle de gouvernement qui les séduit. En effet, certains philosophes, notamment Voltaire, notent que les fonctionnaires autour de l'empereur ne sont pas sélectionnés, comme en France, sur la base de titres de noblesse, mais sur concours, donc sur la base du mérite. Cette idée séduit d'autant plus les philosophes que ce concours donne une place prédominante aux lettres et à la philosophie. C'est pourquoi, chez Voltaire, l'empereur de Chine devient un modèle de gouvernement (nommé « despotisme éclairé ») qu'il souhaite diffuser en Europe.

Durant le siècle des Lumières, la Chine devient également un modèle pour certains économistes français. François Quesnay

obscurantisme *n.m.*
蒙昧主义

confucianisme *n.m.*
孔子学说，儒学

despotisme *n.m.*
专制；专制主义
despotisme éclairé
开明专制

régir *v.t.* 支配，决定 •

approbation *n.f.*
赞成，赞同 •

clé *n.f.* （汉字的）部首 •

(1694-1774), notamment, voit l'économie chinoise comme étant fondée sur l'agriculture et un système fiscal modéré. Pour lui, la Chine respecte ainsi les lois naturelles (idée en vogue à ce moment-là en France : l'économie serait régie par des lois naturelles que personne ne pourrait défier), ce qui explique la grandeur et la prospérité qu'elle connaît au XVIIIe siècle. Comme pour Voltaire, il s'agit de donner un modèle permettant de critiquer la gouvernance de la France monarchique.

D'un point de vue plus général, le contenu de l'*Encyclopédie*[1], l'œuvre dans laquelle les philosophes des Lumières souhaitent regrouper toutes les connaissances du monde, est le signe que les connaissances sur la Chine ont progressé depuis le siècle dernier. Au total, ce sont 548 articles (sur un peu plus de 71 000) qui évoquent la Chine, soit de façon complète, soit juste sous la forme d'une mention. Par exemple, l'article « Manières » mentionne, avec approbation, la pratique de la piété filiale, c'est-à-dire le respect des enfants chinois envers leurs parents. De même, l'*Encyclopédie* relaie une présentation assez complète de la langue chinoise : y sont présentés les caractères chinois (avec un tableau des 214 clés), les tons et comment compter le nombre de traits dans un caractère.

La sinophilie n'a pas touché tous les philosophes.

---

1 *Encyclopédie* ou *Dictionnaire raisonné des sciences, des arts et des métiers* (1751-1772) : Publication dirigée par Diderot, comprend 35 volumes. Elle vise à rendre compte du progrès humain dans tous les domaines, une place majeure étant accordée aux techniques.

Montesquieu (1689-1755), par exemple, préfère le modèle de gouvernement anglais, et ne partage pas la vision de Voltaire sur le confucianisme. L'*Encyclopédie* évoque de façon négative certaines pratiques chinoises de cette époque, comme le bandage des pieds des femmes. Par ailleurs, en accordant une grande importance aux progrès et aux techniques, l'*Encyclopédie* n'apprécie pas beaucoup ce qu'elle qualifie de retard technologique de la Chine.

Malgré cela, il est évident que les exemples chinois, idéalisés ou non, ont eu une influence notable sur les réflexions des philosophes des Lumières dans le domaine des valeurs, de la gouvernance et de l'économie. Il s'agit de domaines qui deviennent décisifs à la fin du XVIIIe siècle, marqué par des tentatives de réformes économiques et par la mise à l'écart de l'Église des affaires d'État. Les récits des missionnaires catholiques, après avoir encouragé Louis XIV à établir les premières relations entre la France et la Chine, ont répondu aux besoins du monde intellectuel français à la recherche de profonds changements dans la société.

COMPRÉHENSION DU TEXTE

I. Complétez les phrases.

1. Les missionnaires catholiques arrivent en Chine et s'y installent vers la fin du _____ siècle.

2. Le Siam est l'ancien nom de _____.

3. L'Observatoire de Paris est un établissement de recherche astronomique français fondé par le roi _____.

4. C'est _____ qui a dirigé la rédaction de l'*Encyclopédie*.

II. Vrai ou faux.

1. Dans l'imaginaire européen, la Chine est un pays fascinant et riche.

2. Le roi de France Louis XIV et l'empereur de Chine Kangxi partagent un intérêt commun.

3. Henri Bertin est un ministre qui n'encourage pas les échanges avec la Chine.

4. Voltaire trouve que le confucianisme ne convient pas aux Français.

III. Répondez aux questions.

1. Quelles sont les caractéristiques des échanges sino-français à l'époque de Louis XIV ?

2. Que signifie la sinophilie intellectuelle ? Trouvez des exemples dans le texte.

3. Comment la Chine est-elle présentée dans l'*Encyclopédie* ?

IV. Version.

Durant le siècle des Lumières, la Chine devient également un modèle pour certains économistes français. François Quesnay, notamment, voit l'économie chinoise comme étant fondée sur l'agriculture et un système fiscal modéré. Pour lui, la Chine respecte ainsi les lois naturelles (idée en vogue à ce moment-là en France : l'économie serait régie par des lois naturelles que personne ne pourrait défier), ce qui explique la grandeur et la prospérité qu'elle connaît au XVIIIe siècle. Comme pour Voltaire, il s'agit de donner un modèle permettant de critiquer la gouvernance de la France monarchique.

EXTENSION

Sujets d'exposé ou de rédaction :

1. Qu'est-ce que vous savez sur la Route de la Soie ? Faites une brève présentation en français.

2. À part les sinophiles français cités dans le texte, en connaissez-vous d'autres ? Présentez leurs idées et leurs mérites.

Partie IV

La Révolution et les débuts de la France contemporaine

Introduction

Au cours de son histoire, la dynastie capétienne a été confrontée à de nombreux épisodes de révoltes. Certaines étaient des révoltes paysannes, d'autres nobiliaires. Jusqu'alors, elle était parvenue à assurer son existence. La contestation qui survient dans le contexte de la fin du XVIIIe siècle se transforme en une véritable Révolution, après laquelle la monarchie telle qu'elle était conçue avant ne peut plus exister. Le roi tente de se maintenir, mais ses décisions conduisent finalement à sa chute et à l'établissement de la Première République. Mais cet établissement n'est pas dans l'immédiat synonyme de stabilité, puisque cette jeune République doit tout de suite affronter une série de conflits venus de l'extérieur et de l'intérieur du pays.

Chapitre 14

La France avant la Révolution

Le XVIIIe siècle français est un siècle de bouleversements majeurs. Prospère et scientifiquement dynamique dans sa première partie, il est marqué, dans sa dernière partie, par une succession de crises politiques, économiques et diplomatiques. Tout cela aboutit à une remise en cause violente de la monarchie traditionnelle et de l'organisation de la société française.

Les Lumières et la monarchie

Le XVIIIe siècle est traditionnellement associé au mouvement intellectuel des Lumières. Prônant l'usage de la raison et dénonçant l'obscurantisme (notamment religieux), les Lumières permettent un nouveau développement des sciences anciennes et nouvelles, et une connaissance du monde plus complète. À titre d'exemple, l'*Encyclopédie*, ouvrage majeur de l'époque, présente, pour la première fois à un public élargi, les bases de l'écriture chinoise. Mais cette connaissance ne se diffuse surtout qu'auprès de ceux qui savent lire.

Le siècle des Lumières est également un témoignage des changements s'opérant dans la société française. Les salons comptent désormais parmi les lieux privilégiés de partage des nouvelles connaissances et de discussion. Ces salons sont parfois ouverts par la bourgeoisie, signe de l'importance nouvelle de cette classe sociale dans la société française.

Les intellectuels de l'époque discutent de sciences et d'économie, ils parlent également de politique. Le pouvoir absolu du roi est critiqué. En cette période d'anglomanie, le modèle de monarchie parlementaire[1] en place outre-manche est vu comme une alternative possible, notamment chez Montesquieu. Mais d'autres modèles sont envisagés : Diderot prône l'instruction éclairée des monarques. Position plus rare, Jean-Jacques Rousseau (1712-1778) opte pour un modèle républicain.

Une crise économique durable

Scientifiquement riche, la première partie du XVIIIe siècle en France est également synonyme de prospérité économique. Cette prospérité prend fin dans les années 1770 avec l'apparition d'une crise multiforme qui frappe tous les niveaux de la société française.

Cette crise est d'abord financière. Le royaume de France s'endette quasi-systématiquement à partir de la fin des années 1770, pour combler un budget sans cesse déficitaire. Pour prendre l'exemple de l'année 1788, le budget fait état d'un déficit de 20%.

Dans le détail, les dépenses diplomatiques, militaires et les dépenses de la cour du roi forment au total un tiers des dépenses, tandis que le remboursement de la dette correspond à lui seul à la moitié des dépenses.

Se pose la question des recettes fiscales du royaume. La

---

1 **Monarchie parlementaire** : Monarchie constitutionnelle dans laquelle le gouvernement est responsable devant le Parlement.

s'endetter *v.pr.*
欠债，负债

recette *n.f.* 收入，进款

société féodale française est traditionnellement divisée en trois ordres : les nobles, qui représentent un peu plus d'1% de la population française, les clergés, un peu moins d'1% de la population, et le tiers état, les 98% restant. Le tiers état est un groupe très hétérogène. On y retrouve en effet aussi bien les populations les plus pauvres du royaume (les mendiants, les journaliers et les domestiques) que des populations socialement plus élevées (les paysans riches, les artisans et les bourgeois qui exercent souvent des professions en rapport avec le droit ou le commerce). Ce qui constitue une caractéristique importante de la société féodale française, c'est que les nobles et les clergés ne paient pas d'impôt. Les intellectuels des Lumières ont critiqué ces privilèges. En période de crise, ces critiques trouvent un écho favorable dans la société française.

ordre *n.m.*
（法国大革命前的）社会等级

hétérogène *adj.*
异质的，混杂的

journalier, ère *n.*
农村短工；零工，日工

De multiples obstacles à la résolution des problèmes

Pour régler les problèmes financiers du royaume, le pouvoir monarchique tente de mettre en place une réforme fiscale. L'objectif est de créer un impôt que tout le monde paierait, y compris les membres des ordres privilégiés.

Cette tentative de réforme fiscale mène le royaume dans une crise politique. En effet, les deux ordres privilégiés sont opposés à une telle réforme. Ils sont soutenus dans leur opposition par les parlements, dont l'approbation est nécessaire à la création de tout nouvel impôt.

Les efforts du pouvoir monarchique pour trouver une solution à la crise sont compliqués par l'opposition d'un nouvel acteur : l'opinion publique. Celle-ci attaque notamment l'image des personnes entourant le roi, ainsi que l'image du couple royal formé par Louis XVI (dates de règne : 1774-1792) et Marie-Antoinette. La participation de cette dernière à de nombreux bals, et des affaires concernant ses dépenses lui attirent, en période de crise, les critiques de l'opinion, surtout à Paris.

Enfin, cette crise prend également la forme d'une crise de subsistance : les récoltes des années 1780 sont globalement mauvaises, et le prix du pain, aliment de base dans la société française, augmente considérablement. L'insécurité alimentaire se double d'un sentiment d'insécurité plus gobal au sein de la société française, notamment provoqué par un nombre plus important de vagabonds errant dans les campagnes, faute de travail.

Conséquence de la prospérité des deux premiers tiers du siècle ainsi que de la diffusion des idées « révolutionnaires », les crises ne sont plus perçues comme des fatalités : des réponses politiques sont demandées. C'est dans ce contexte que Louis XVI décide finalement, en 1788, de convoquer une assemblée apte à établir une réforme fiscale. Il s'agit d'une réunion des représentants des trois ordres de la société française : les états généraux. Ils n'avaient pas été convoqués depuis 1614-1615, car ils ont parfois été des occasions de contester le pouvoir du roi. Les états généraux de 1789 ne feront pas exception à cette tradition et deviennent rapidement l'occasion d'une manifestation des idées des Lumières et d'un défi direct contre le pouvoir absolu du roi.

subsistance *n.f.* 生计，衣食

COMPRÉHENSION DU TEXTE

I. Complétez les phrases.

1. Les bases de l'écriture chinoise sont présentées dans l'ouvrage _____ .

2. En France, la prospérité du XVIIIe siècle prend fin dans les années _____ avec l'apparition

   des crises.

3. Au XVIIIe siècle, le tiers état occupe _____% de la population dans la société française.

4. En 1788, c'est le roi _____ qui règne en France.

II. Vrai ou faux.

1. Les salons jouent un rôle important dans le siècle des Lumières.

2. En 1788, le budget du royaume français subit un déficit de 20%.

3. La reine Marie-Antoinette n'aime pas beaucoup les activités mondaines.

4. Vers la fin du XVIIIe siècle, l'agriculture française se développe bien.

III. Répondez aux questions.

1. Dans quelle mesure le mouvement des Lumières a exercé une influence sur la société française

   au XVIIIe siècle ?

2. Quels philosophes ont été mentionnés dans le texte ? Quelle est leur aspiration politique ?

3. Quelle partie de la population ne paie pas d'impôt ?

4. Est-ce que la réforme fiscale marche bien ? Pourquoi ?

5. Est-ce que les rois organisent souvent l'assemblée des états généraux ? Pourquoi ?

IV. Version.

   Les efforts du pouvoir monarchique pour trouver une solution à la crise sont compliqués

par l'opposition d'un nouvel acteur : l'opinion publique. Celle-ci attaque notamment l'image

des personnes entourant le roi, ainsi que l'image du couple royal formé par Louis XVI et Marie-

Antoinette. La participation de cette dernière à de nombreux bals, et des affaires concernant ses dépenses lui attirent, en période de crise, les critiques de l'opinion, surtout à Paris.

EXTENSION

Sujets d'exposé ou de rédaction :

1. Parmi les causes de la Révolution française, certains historiens ont mentionné le climat. Quelles sont les particularités du climat en France durant les décennies précédant la Révolution ?

2. Marie-Antoinette s'est notamment faite remarquer à cause de « l'affaire du collier de la reine ». Cherchez en quoi consistait cette affaire et pourquoi elle est devenue symbolique.

À DÉCOUVRIR

Un exemple de critique de la société d'ordres

Jusqu'ici, je n'ai pas distingué les états[1], les rangs, les fortunes, et je ne les distinguerai pas davantage par la suite, parce que l'homme est le même dans tous les états ; parce que le riche n'a pas l'estomac plus grand que le pauvre et ne digère pas mieux que lui ; parce que le maître n'a pas les bras plus longs ni plus forts que ceux de son esclave ; parce qu'un grand[2] n'est pas plus grand qu'un homme du peuple. [...] Ne voyez-vous pas qu'à former un homme exclusivement pour un état, vous le rendez inutile à tous les autres ? Et qu'en cas de bouleversement, vous le rendrez malheureux ? Qu'y a-t-il de plus ridicule qu'un grand seigneur devenu gueux[3] qui, dans sa misère, conserve les préjugés

---

1 Condition sociale d'un sujet (noblesse, clergé ou tiers état).
2 Autre mot pour désigner un noble.
3 Pauvre.

qu'il a appris dès sa naissance ? [...]

Vous vous fiez à l'ordre actuel de la société sans penser que cet ordre est sujet à des révolutions inévitables, et qu'il vous est impossible de prévoir ou de prévenir celle qui peut arriver à vos enfants. Le grand devient petit, le riche devient pauvre, le monarque devient sujet. [...] Nous approchons de l'état de crise et du siècle des révolutions[1]. Qui peut dire ce que vous deviendrez à ce moment-là ? [...] Il n'y a que les caractères donnés par la nature qui peuvent rester inchangés, or la nature ne fait ni rois, ni riches, ni grands seigneurs.

D'après Jean-Jacques Rousseau, *Émile ou De l'éducation*, Livre III, 1762.

---

1 Dans une note, Rousseau ajoute que, selon lui, il est impossible que les grandes monarchies d'Europe durent encore longtemps.

Les trois révolutions de 1789

Devant l'impossibilité de mener une réforme fiscale, le roi décide de convoquer les états généraux. Cette réunion des représentants des trois ordres est l'occasion d'une contestation violente de la monarchie absolue et du système féodal. La Révolution qui se produit en 1789 prend trois formes principales : une révolution juridique, concernant les états généraux eux-mêmes, une révolution parisienne avec la prise de la Bastille, et la Grande Peur dans les campagnes.

La révolution juridique : des états généraux à l'Assemblée nationale

Comme avant toute tenue des états généraux, il est demandé aux sujets du royaume d'exprimer leurs « doléances » dans des cahiers. Concernant le tiers état, c'est surtout la bourgeoisie qui se charge d'écrire les plaintes, ou de les inspirer. De fait, les revendications qui émergent sont inspirées des Lumières : on se plaint de l'arbitraire royal, des privilèges, des inégalités fiscales, des droits féodaux. Il est important de noter qu'aucune plainte ne vise la personne du roi. Au contraire il incarne l'espoir du changement.

Avant la tenue des états généraux à Versailles, un problème est mis en avant par le tiers état. Bien que représentant 98% de la population, il a autant de députés que la noblesse ou le clergé. Le

tenue *n.f.* 召集，召开

doléances *n.f.pl.*
抱怨，怨言
cahiers de doléances
（法国三级会议的）陈情书，
请愿书

arbitraire *n.m.* 专制

roi accepte donc de doubler le nombre de députés du tiers état. Néanmoins, cela ne change rien pour les prises de décision. En effet, le vote des mesures se fait par ordre. Chaque ordre a une voix, ce qui assure la majorité aux deux ordres privilégiés. En conséquence, peu après l'ouverture des états généraux, les députés du tiers état demandent le vote par tête, ce qui leur permettrait d'avoir un rapport de force égal avec les ordres privilégiés. Cette demande est refusée.

Le 10 juin, l'abbé Sieyès (1748-1836), député du tiers état, appelle les députés des deux autres ordres à se joindre au tiers état : quelques nobles favorables aux idées des Lumières, ainsi que des députés du clergé les rejoignent. Ces derniers sont issus d'Église de villages ou de petites villes, qu'on appelle le bas-clergé, donc plus proche du peuple.

Cette action est une véritable révolution juridique, car la séparation par ordre devant le roi commence à disparaître. Estimant que, désormais, les états généraux rassemblent les représentants du peuple et non les représentants des ordres, le groupe du tiers état prend le nom d'Assemblée nationale le 17 juin.

Voulant empêcher ce coup de force, les députés de la noblesse demande au roi de fermer la salle de réunion. Le roi accepte, il n'est plus possible pour les députés de se réunir. Ils se réunissent donc dans une autre salle, la salle du Jeu de Paume, dans laquelle ils font le serment de ne pas se séparer avant d'avoir donné une nouvelle constitution à la France. Cet évènement, qui a eu lieu le 20 juin, est connu sous le nom de « Serment du Jeu de Paume ». Renonçant à combattre ce coup de force, le roi invite les

paume *n.f.* 老式网球
Serment du Jeu de Paume
网球场誓言

ordres privilégiés à rejoindre les députés du tiers état. Ces derniers exploitent l'avantage et se donnent le titre d'Assemblée nationale constituante le 9 juillet, ce qui signifie qu'ils comptent écrire une nouvelle constitution pour la France. Par ailleurs, répondant à la proposition du député Jean-Joseph Mounier (1758-1806) de faire précéder la Constitution par une Déclaration, le marquis de La Fayette (1757-1834) dépose, le 11 juillet, un projet de déclaration des droits de l'homme et du citoyen. La remise en cause de la monarchie absolue est de plus en plus forte, mais elle reste pour le moment juridique, les députés peuvent toujours craindre une reprise en main brutale du roi.

La révolution parisienne : la prise de la Bastille

Pendant ce temps, la population parisienne suit de très près ce qui se passe aux états généraux. Les évènements font rapidement craindre un complot aristocratique : on pense que les nobles sont à l'origine du manque de blé à Paris, pour affaiblir le peuple.

En outre, le roi ne semble pas soutenir les demandes du tiers état. A l'appel des députés de la noblesse, Louis XVI prend des mesures fermes contre les états-généraux. Le 11 juillet, il renvoie un de ses ministres, Jacques Necker (1732-1804). Or ce ministre était très populaire : il avait conseillé au roi d'accepter de doubler le nombre de député du tiers état. Cette dernière décision a pour conséquence de redoubler l'agitation parisienne. Le 13 juillet, la population parisienne cherche des armes. Le 14 juillet, la foule récupère plusieurs dizaines de milliers de fusils et attaque la

marquis *n.m.* 侯爵

complot *n.m.* 阴谋

Bastille[1], prison symbole de l'arbitraire royal. Par ailleurs, un maire de Paris révolutionnaire est élu.

À Versailles, l'évènement a de grandes répercussions. Louis XVI demande à l'armée de s'éloigner de Paris. Il se rend ensuite à la mairie de Paris pour montrer qu'il reconnaît le nouveau maire. Il arbore aussi la cocarde tricolore[2] bleu, blanc et rouge (couleurs à la mode à l'époque : ce sont également les couleurs du drapeau de la révolution américaine).

Dès ce moment-là, le frère du roi, le comte d'Artois, ainsi que quelques nobles, fuient la France, avec l'idée de combattre la Révolution depuis l'étranger. La nouvelle de la révolution de Paris, quant à elle, se diffuse dans tout le royaume. Certaines villes organisent des révolutions municipales et on commence à effacer les traces de la monarchie.

La révolution dans les campagnes : la Grande Peur et ses effets politiques

Pour le moment, rien ne semble remettre en cause les droits féodaux. Or cette remise en cause est très attendue par les paysans. Ces droits sont en effet le symbole de la domination des nobles. De plus, depuis un certain temps, des vagabonds se regroupent et errent dans les campagnes. Le sentiment d'insécurité qui se crée est

---

répercussion *n.f.*
反应，反响

arborer *v.t.* 炫耀地佩戴

cocarde *n.f.*
（识别国籍的）标志

---

1 **La Bastille** : Ancien édifice parisien servant de prison depuis le XVe siècle. On y trouvait des prisonniers royaux, c'est-à-dire emprisonnés sur ordre du roi.

2 Symbole de reconnaissance des soutiens de la Révolution depuis la nuit du 13 au 14 juillet.

brigand *n.m.* 歹徒，盗匪 •·········

à l'origine d'une rumeur : les nobles armeraient des « brigands » pour attaquer les paysans. En conséquence, les habitants de nombreuses localités s'arment et attendent ces attaques. Comme personne n'arrive, ce sont les paysans qui attaquent les châteaux.

Ce mouvement inquiète les députés, y compris ceux du tiers état. Ces derniers sont en majorité des bourgeois, et ils craignent que ce mouvement de paysans prenne la forme d'une attaque contre la propriété. C'est la raison pour laquelle, la nuit du 4 août, l'Assemblée nationale déclare la « destruction du régime féodal », avec des mises en scène spectaculaires : les privilégiés demandent eux-mêmes l'abolition de leurs privilèges. Une partie des droits

abolition *n.f.* 废除，取消 •·········

féodaux sont abolis, d'autres sont annulables s'ils sont rachetés par ceux qui les paient habituellement. Ainsi, la société des trois ordres n'est plus.

La vigilance du peuple vis-à-vis de la vie politique

Le 26 août, les articles de la Déclaration des droits de l'homme et du citoyen sont votés. Cette déclaration doit accompagner la Constitution, elle-même en préparation.

Par la suite, le soutien du roi à ces réformes ne semble plus aussi certain. Alors qu'il semblait accepter, au départ, l'idée d'une limitation de son pouvoir par une constitution, il n'a toujours pas signé la Déclaration des droits de l'homme et du citoyen, ni les articles de la Constitution déjà prêts. Le peuple pense que le roi est mal conseillé. Ainsi, le 5 octobre, une foule de paysans, femmes en tête, part de Paris à Versailles pour aller chercher le roi et l'amener dans son palais parisien, les Tuileries. Ce même jour, le roi accepte finalement de signer la Déclaration des droits de l'homme et du citoyen.

Enfin, l'Assemblée nationale, elle aussi, se tient à Paris. Désormais, le roi et l'Assemblée sont confrontés aux réactions du peuple.

COMPRÉHENSION DU TEXTE

I. Complétez les phrases.

1. Avant la tenue des états généraux de 1789, les revendications du tiers état sont surtout inspirées des _____.

2. Le 10 juin, l'abbé _____ appelle les députés des deux autres ordres à se joindre au tiers état.

3. Le 14 juillet, la population attaque _____, prison symbole de l'arbitraire royal.

4. Le 5 octobre, une foule de paysans va chercher le roi à Versailles et l'amener dans son palais parisien, _____.

II. Vrai ou faux.

1. Avant la tenue des états généraux de 1789, toutes les plaintes visent la personne du roi.

2. Le roi refuse d'augmenter le nombre de députés du tiers état même si celui-ci représente la majorité de la population.

3. Quand le roi ferme la salle de réunion, les députés deviennent encore plus solidaires.

4. Après le 14 juillet, tous les nobles sont restés à Paris pour mener un combat avec le peuple.

III. Répondez aux questions.

1. Pourquoi l'auteur a dit « les trois révolutions » ? Quelles sont-elles ?

2. Qu'est-ce que ça veut dire le « vote par tête » ? Pourquoi est-il refusé par le roi ?

3. Comment se passe la révolution juridique ?

4. Quelles sont les causes de la Grande Peur dans les campagnes ?

5. En résumé, le roi a pris quelles mesures anti-révolution ? Quelles sont ses concessions ?

IV. Version.

Le soutien du roi à ces réformes ne semble plus aussi certain. Il n'a toujours pas signé la Déclaration des droits de l'homme et du citoyen, ni les articles de la Constitution déjà prêts. Le peuple pense que le roi est mal conseillé. Ainsi, le 5 octobre, une foule de paysans, femmes en tête, part de Paris à Versailles pour aller chercher le roi et l'amener dans son palais parisien, les Tuileries. Ce même jour, le roi accepte finalement de signer la Déclaration des droits de l'homme et du citoyen.

EXTENSION

Sujets d'exposé ou de rédaction :

1. Que reste-t-il de la Bastille aujourd'hui ?

2. Deux évènements révolutionnaires importants ont eu lieu le 14 juillet : la prise de la Bastille en 1789, et la Fête de la fédération en 1790. Recherchez si la fête nationale française commémore le premier 14 juillet, le second ou bien les deux.

À DÉCOUVRIR

Récits de la prise de la Bastille

♦ **Texte 1**

On commença par sommer le gouverneur, M. le marquis de Launay, d'abandonner la Bastille. Les représentants du peuple furent introduits entre les deux ponts-levis[1], et aussitôt le gouverneur fit feu sur les délégués qui furent tués. Le peuple alors furieux attaqua ce fort, plaça les canons en face des portes, cassa les chaînes du pont-levis, entra en foule dans la première cour malgré les

---

1 Pont mobile pouvant s'abaisser ou se lever pour permettre ou interdire l'accès à un bâtiment.

tirs des soldats, mit le feu à la maison du gouverneur, puis entra dans le fort après avoir cassé les chaînes du second pont-levis. Les cinquante défenseurs de la Bastille furent tués ou se rendirent. Les prisonniers, parmi lesquels se trouvait le gouverneur, furent conduits à l'Hôtel-de-Ville à coups de bâtons à travers le peuple qui criait « pendus ». En arrivant à l'Hôtel-de-Ville, le marquis de Launay fut tué, puis sa tête fut promenée dans Paris au bout d'une pique. La nuit se passa dans la crainte, les habitants avaient prévu des pierres à lancer sur les troupes du roi en cas d'attaque.

D'après le journal autographe de Paul Barras[1] de 1789, in *Mémoires de Barras, membre du Directoire. Tome I. Ancien régime-Révolution*, publié par Georges Duruy, Paris : Librairie Hachette et Cie, 1895, document disponible sur gallica.bnf.fr.

♦ **Texte 2**

Cette forteresse, ce colosse effrayant a donc enfin été emporté en quatre heures par une milice indisciplinée et sans chef, par des bourgeois inexpérimentés soutenus, il est vrai, de quelques soldats de la patrie, enfin par une poignée d'hommes libres ! [...]

Le Comité de l'Hôtel-de-Ville ne se sépara pas durant la nuit du 14 au 15, et il déclara que, désormais, il resterait permanent, du moins autant que durerait le danger.

Enfin, la démolition de la Bastille fut décidée. Ce repaire affreux de l'infernal

---

1   **Paul Barras** (1755-1829) : Homme politique révolutionnaire.

despotisme qui durant tant de siècles a outragé l'humanité, a englouti tant de victimes innocentes, sera totalement anéanti.

D'après Louis-Marie Prudhomme[1], *Révolutions de Paris, dédiées à la nation* du mercredi 15 juillet 1789, document disponible sur gallica.bnf.fr.

---

1 **Louis-Marie Prudhomme** (1753-1830) : Journaliste français, responsable de la publication des *Révolutions de Paris, dédiées à la nation.*

Chapitre 16

L'échec de la monarchie constitutionnelle[1]

Après la « destruction du régime féodal », c'est un nouveau système politique qui se met en place dans le royaume de France. Le roi conserve sa place, mais il gouverne avec l'Assemblée nationale. Alors que le pays entre dans une période de réorganisation, les actions du roi Louis XVI et la naissance d'un mouvement contre-révolutionnaire menacent le nouveau régime.

Le travail de réorganisation du pays

Parallèlement à son travail de rédaction d'une nouvelle constitution pour la France, l'Assemblée nationale réorganise le pays. Idée issue des Lumières, on décentralise l'exercice de certains pouvoirs politiques. C'est à cet effet que le royaume de France est divisé en 83 départements. Encore une fois, les traces du système féodal sont effacées : les noms des départements sont plus neutres, reprenant souvent le nom d'un cours d'eau ou d'une montagne.

C'est dans ce cadre que les milices bourgeoises regroupées en fédérations régionales, ayant pris le nom de Garde nationale, sont invitées à Paris à l'occasion du premier anniversaire de la prise

milice   *n.f.*
（中世纪至18世纪的）自
卫队

---

1   **Monarchie constitutionnelle** : Celle ou l'autorité du monarque est soumise à une Constitution.

de la Bastille, le 14 juillet 1790. C'est la fête de la Fédération[1]. Durant cette fête, le roi jure fidélité à la Nation et à la loi, ce qui signifie qu'il reconnaît la souveraineté de la Nation.

En matière économique, encore une fois, on applique des idées d'inspiration bourgeoise, mais aussi des mesures ayant germé dans la pensée des Lumières. Cette période est marquée par l'institution de nombreuses libertés économiques : on supprime les associations d'artisans, sans lesquelles on ne pouvait pas, jusqu'alors, exercer un métier artisanal, on privatise le commerce maritime avec les colonies, et dans les campagnes, on institue la liberté de culture.

Par ailleurs, pour régler la question de la dette, les terres et les biens du clergé sont désormais propriétés de l'État. Pour assurer un revenu aux hommes d'Église, on leur propose de devenir des agents de l'État. Pour cela, ils doivent prêter serment sur la Constitution civile du clergé. Ceux qui refusent perdent leur statut de prêtre.

Le bas-clergé, représenté par des hommes d'Église proches du peuple, accepte globalement de prêter serment, mais pas les évêques. Les clercs qui refusent de prêter serment sont remplacés par des clercs peu familiers avec les populations locales, ce qui cause les premiers mécontentements dans les campagnes vis-à-vis de la Révolution.

---

1 **Fête de la Fédération** : Fête d'union nationale organisée à Paris par l'Assemblée constituante sur le modèle des fêtes civiques organisées par les départements.

effervescence *n.f.*
动荡，骚动 •┄┄┄┄┄┄┄┄┄

métamorphose *n.f.*
变化，改观 •┄┄┄┄┄┄┄┄

Une effervescence politique nouvelle

La société urbaine française connaît aussi de nombreuses métamorphoses. Les journaux se multiplient, de même que les clubs de discussion. Ces derniers sont les espaces de débat privilégiés des bourgeois, mais aussi des sans-culottes, c'est-à-dire les révolutionnaires issus des quartiers populaires et qui portent un pantalon au lieu de la culotte[1] de soie comme les bourgeois et les aristocrates.

Or, dans ces groupes de discussion, les esprits tendent peu à peu à se radicaliser. Le club des Cordeliers[2] et les sans-culottes voudraient aller plus loin dans la Révolution et instaurer une République.

Ces groupes républicains sont particulièrement actifs après la fuite du roi de Paris et son arrestation à Varennes le 22 juin 1791. Louis XVI et sa famille voulaient quitter la France pour mener la contre-révolution avec l'appui des monarchies étrangères. L'évènement est d'une importance capitale : la fuite rompt la confiance entre la monarchie et le peuple, le roi perd son statut de personnage sacré, et les partisans d'une monarchie constitutionnelle sont fragilisés. Face aux Cordeliers qui, opposés à ce qu'on rétablisse le roi dans ses fonctions, manifestent sur le

---

1   Ce mot « culotte » désigne, à l'époque, un vêtement couvrant les jambes. Elle est le symbole vestimentaire des classes supérieures, notamment de l'aristocratie.

2   **Club des Cordeliers** : Société politique réunissant les députés plus proches des classes populaires. Les membres de ce club participent à plusieurs mouvements insurrectionnels.

Champ-de-Mars le 17 juillet 1791, l'Assemblée envoie la Garde nationale qui ouvre le feu.

Dès lors, la vie politique se concentre entre deux autres clubs. Le premier est le club des Jacobins. Son nom vient du lieu où se tiennent les réunions, dans une salle du couvent des Jacobins de la rue Saint-Honoré. Cette société politique réunissait au départ les partisans d'une monarchie parlementaire. Le second est le club des Feuillants, nommés ainsi parce qu'ils se réunissent au sein du couvent des Feuillants. Il a été fondé par les Jacobins modérés ne contestant pas l'autorité du roi. Au moment de sa fondation, c'est ce club qui est majoritaire à l'Assemblée. Il ne reste plus qu'une dizaine de députés restés aux Jacobins, dont Maximilien de Robespierre[1].

Feuillants   *n.m.pl*   斐扬派
Jacobins   *n.m.pl*   雅各宾派

La Constitution est prête le 3 septembre 1791. Louis XVI, rétabli dans ses fonctions de roi, prête serment dessus. Il n'est plus roi de France, mais roi des Français. Ce titre, plus humble, signifie qu'il tient son pouvoir de la Nation et non de Dieu. Le roi dispose du pouvoir exécutif et a un droit de veto qu'il peut utiliser à l'Assemblée pour repousser ou retarder certaines lois. Le 1er octobre de cette même année, la rédaction de la Constitution étant terminée, l'Assemblée constituante cède la place à l'Assemblée législative.

veto   *n.m.inv.*
（对法律的）否决，否决权

La fin de la monarchie

Les clubs se divisent alors sur la question de la guerre avec

---

1   **Maximilien de Robespierre** (1758-1794) : Député, membre du club des Jacobins. L'une des principales figures de la Révolution.

les monarchies étrangères qui menacent la France. C'est à cause de cette question que les Feuillants perdent leur position dominante à l'Assemblée. Des ministres du club des Jacobins les remplacent. Mais la question les divise, également. On retrouve deux tendances.

La première est celle d'un groupe appelé les Girondins[1]. Ils veulent faire la guerre aux autres monarchies ennemies pour exporter la Révolution et obliger le roi à prendre parti pour elle. La deuxième est représentée par les Montagnards[2], menés notamment par Robespierre, Georges Danton[3], Jean-Paul Marat[4]. Ils refusent la guerre car ils veulent un pouvoir central fort pour consolider les acquis de la Révolution en France. Ils sont proches des sans-culottes parisiens. Ces divisions touchent de fait le club des Jacobins, puisqu'on y retrouve des députés girondins, ainsi que des députés montagnards.

En mars 1792, Louis XVI nomme des ministres girondins. Comme eux, le roi veut effectivement faire la guerre, mais pas pour les mêmes raisons. Il espère que la France perdra cette guerre et que les monarchies étrangères l'aideront à rétablir son pouvoir.

L'hostilité envers le roi ne cesse de grandir à Paris. En juin

Gitondins *n.m.pl.*
吉伦特派

Montagnards *n.m.pl.*
山岳派

---

1 **Girondins** : Ils sont ainsi nommés parce que de nombreux membres de ce groupe viennent du département de la Gironde.

2 **Montagnards** : Groupe politique de l'Assemblée réunissant les révolutionnaires les plus radicaux. Ce nom viendrait du fait qu'ils occupent les sièges les plus élevés de l'Assemblée.

3 **Georges Danton** (1759-1794) : Député, membre et fondateur du club des Cordeliers.

4 **Jean-Paul Marat** (1743-1793) : Député, membre du club des Cordeliers.

1792, alors que la guerre commence très mal pour la France, l'Assemblée vote l'appel à 20 000 fédérés pour défendre Paris et des mesures contre les prêtres refusant de prêter serment. Mais Louis XVI oppose son veto contre ces décisions, renvoie les ministres girondins et appelle des Feuillants à leur place. En réaction, le peuple envahit une première fois le palais des Tuileries pour obliger le roi à retirer son veto. Louis XVI résiste, et cet épisode insurrectionnel échoue. Fin juillet, alors que la France compte plusieurs défaites militaires contre les Autrichiens et les Prussiens, ces derniers menacent les Parisiens de violentes représailles si du mal est fait au roi et à sa famille. En conséquence, le 10 août, la foule envahit de nouveau le palais, massacre ses défenseurs, et emprisonne le roi et sa famille.

Peu après, le 20 septembre, les armées françaises remportent une victoire militaire décisive contre la Prusse à Valmy. Une nouvelle assemblée élue, la Convention nationale[1], abolit la royauté le 21 septembre 1792 et proclame le lendemain le premier jour de l'an I de la République, la Première République. La République commence rapidement à effacer les signes de la royauté à laquelle elle a mis fin, mais la présence de forces contre-révolutionnaires à l'extérieur de la France, ainsi qu'à l'intérieur des frontières, va rendre sa tâche très compliquée.

fédérés *n.m.*
（法国大革命期间的）联盟派；参加1790年联盟节的代表

représailles *n.f.pl.*
报复（行为）

Convention nationale
国民公会

---

1 **Convention nationale** : Assemblée qui succède à la Législative le 21 sept. 1792 et gouverne la France jusqu'au 26 oct. 1795 (4 brumaire an IV).

COMPRÉHENSION DU TEXTE

I. Complétez les phrases.

1. Après la « destruction du régime féodal », le roi conserve sa place, mais il gouverne avec _____ nationale.

2. Après la réorganisation du pays, le royaume de France est divisé en _____ départements.

3. Le 22 juin 1791, le roi a été arrêté à _____ au cours de sa fuite de Paris.

4. La Première République est proclamée le 22 septembre _____.

II. Vrai ou faux.

1. Le roi jure fidélité à Dieu lors de la fête de la Fédération.

2. Tous les hommes d'Église n'acceptent pas de prêter serment sur la Constitution civile du clergé.

3. Quand Louis XVI devient roi des Français, il n'a plus aucun pouvoir politique.

4. Robespierre est l'un des chefs des Girondins.

III. Répondez aux questions.

1. Quelles sont les mesures favorables au développement économique ?

2. Comment traite-t-on les hommes d'Église ? Quel en est le résultat ?

3. Pourquoi le roi s'est-il enfui de Paris ? Quelle est la conséquence de cette fuite ?

4. Quels groupes politiques ont été mentionnés dans le texte ? Pourquoi le roi préfère les Girondins ?

5. En 1792, quand la France a subi des défaites dans la guerre contre les monarchies étrangères, quelle a été l'attitude de Louis XVI ?

IV. Version.

Les clubs sont les espaces de débat privilégiés des bourgeois, mais aussi des sans-culottes, c'est-à-dire les révolutionnaires issus des quartiers populaires et qui portent un pantalon au lieu de la culotte de soie comme les bourgeois et les aristocrates. Or, dans ces groupes de discussion, les esprits tendent peu à peu à se radicaliser. Le club des Cordeliers et les sans-culottes voudraient aller plus loin dans la Révolution et instaurer une République.

EXTENSION

Sujets d'exposé ou de rédaction :

1. Cherchez les symboles de la Révolution française et leur signification. Faites une présentation en classe.

2. Racontez à vos camarades de classe comment le roi Louis XVI a été arrêté à Varennes en vous référant au *Récit* de M. Drouet.

À DÉCOUVRIR

Récit de l'arrestation de Louis XVI à Varennes

Messieurs, je me nomme Jean-Baptiste Drouet, je suis maître de poste de Sainte Menehould, et ancien dragon[1] de Condé. [...] Mardi 22, à sept heures et demie, à ma porte, j'ai vu deux voitures. L'une d'elles transportait six personnes. En regardant à l'intérieur, j'ai vu une femme en qui j'ai cru reconnaître les traits de la reine. Sur le devant à gauche, il y avait un homme. J'ai été frappé par la ressemblance entre le visage de cet homme et l'effigie[2] du roi figurant sur un assignat[3] que j'avais sur moi.

---

1 Soldat de cavalerie.
2 Portrait.
3 Monnaie en papier émise durant la Révolution.

Depuis le matin, il y avait des dragons à l'auberge de Menehould. Leur commandant s'est approché des voitures et a parlé avec l'équipage, qui semblait pressé de partir. Mes soupçons augmentaient, mais ne voulant pas causer une fausse alerte, j'ai laissé partir les voitures. Au moment où je commençais à croire que j'avais fait une erreur, j'ai vu les dragons qui voulaient monter à cheval. J'ai alors crié aux armes. La garde nationale s'est armée et nous avons obligé les dragons à rester ici. Puis nous sommes partis vers l'étape suivante, Varennes, par un chemin détourné.

Nous sommes arrivés à Varennes vers onze heures et demie, juste avant les voitures suspectes. Nous avons trouvé une auberge et avons demandé au patron : « Etes-vous bon patriote ? » « N'en doutez pas », a-t-il répondu. Je l'ai alors prévenu que le roi allait passer, et qu'il devait rassembler tous les bons citoyens qu'il connaissait pour le retenir. Nous sommes ensuite allés chez le maire et le commandant de la garde nationale, qui ont rapidement réuni plusieurs personnes armées.

On a arrêté les voitures, et demandé l'identité des voyageurs. Une dame a dit être la baronne de Korff (le nom paraissait allemand), qu'elle était étrangère, qu'elle allait à Francfort et qu'elle était pressée. On a insisté pour voir son passeport. Certains le trouvaient en règle, mais je soutenais qu'il n'avait aucune valeur car il n'était pas contresigné par le président de l'Assemblée nationale. J'en ai profité pour exprimer un doute : comment des voyageurs étrangers pouvaient bénéficier de la protection des dragons ? Ainsi le maire demanda aux voyageurs de descendre, après quoi le roi a révélé son identité ainsi que celle de ses proches. Des cavaliers armés qui étaient à côté de villages sont alors venus pour parler au roi, mais ils en ont été empêchés par la garde nationale ainsi que de nombreux habitants de Varennes, tous prêts à résister.

[...] Durant cet évènement, la municipalité de Varennes s'est conduite avec une grande prudence et un grand zèle. Le succès de l'arrestation doit aussi beaucoup aux gardes nationales de cette ville, de Menehould et de Clermont, ainsi qu'aux citoyens des environs. C'est à tous ces braves gens que la France doit le bonheur d'avoir retenu son roi.

D'après *Récit fait par Jean-Baptiste Drouet (1763-1824), maître de poste à Ste Menehould, de la manière dont il a reconnu le Roi, et a été cause de son arrestation à Varennes : honneurs rendus à ce citoyen et à deux de ses camarades,* 1791, document disponible sur gallica.bnf.fr.

Chapitre 17

La Première République
face aux guerres

Nouvellement établie, la République française se retrouve rapidement dans une situation politique et militaire très complexe qui menace son existence. En même temps qu'elle est attaquée par plusieurs monarchies européennes, elle doit faire face à de nombreuses révoltes armées dans plusieurs régions françaises, dont l'une d'elles dégénère en véritable guerre civile.

dégénérer *v.i.*
变坏，恶化，转为

La double menace extérieure et intérieure

En septembre 1792, l'offensive prussienne repoussée, la Convention nationale a aboli la royauté et établi la République. Louis XVI, devenu simple citoyen et désormais appelé « Louis Capet » par dérision, est emprisonné avec sa femme et ses enfants. Dans un premier temps, son sort divise la Convention. Certains députés demandent une mise en accusation du roi déchu. La découverte de « l'armoire de fer », une armoire cachée dans les appartements royaux dans laquelle Louis XVI conservait sa correspondance secrète avec, entre autres, l'empereur d'Autriche, révèle son double jeu et rend le procès inévitable. Le roi déchu est déclaré coupable de conspiration et est guillotiné le 21 janvier 1793.

dérision *n.f.* 嘲弄，嘲讽

conspiration *n.f.*
密谋，阴谋

guillotiner *v.t.*
把……送上断头台

À ce moment-là, l'armée française, qui avait battu la Prusse quelques mois plus tôt, continuait de progresser en Belgique, menaçant d'atteindre des ports importants pour le commerce des Britanniques. L'exécution de Louis XVI donne alors un prétexte à la Grande Bretagne, mais aussi à l'Espagne et au Portugal, pour rejoindre la coalition déjà formée par la Prusse et l'Autriche, et combattre la France révolutionnaire.

coalition *n.f.* 同盟，联盟

Face au danger que représente cette première coalition des monarchies européennes (1793-1797), la Convention décide de lever des troupes. Elle souhaite récupérer 300 000 hommes en février 1793. Cette levée en masse provoque plusieurs révoltes en province, notamment dans les campagnes, dont certaines parties sont déjà échaudées par la question des prêtres officiers d'État. De même, dans certaines régions, les paysans n'ont pas bénéficié des acquis de la Révolution : les bourgeois ont racheté les biens du clergé, et certains droits féodaux existent encore.

échauder *v.t.* 使遭受不幸

La guerre de Vendée

L'enjeu est important pour le gouvernement : sa légitimité n'est pas encore totalement installée, et des désaccords apparaissent déjà au sein de l'Assemblée. C'est pourquoi les troupes armées républicaines sont envoyées pour mater les révoltes. Ces soldats de métier battent les révoltés partout, sauf dans un département, la Vendée, situé le long de l'Atlantique. La plus grande partie des troupes de ce département était restée à proximité des côtes par crainte d'une invasion britannique, et les soldats envoyés se battre contre la révolte paysanne étaient mal équipés et mal préparés.

mater *v.t.* 制服；镇压

Cette défaite a deux conséquences rapides. La première est

que la révolte gagne de l'ampleur, les paysans révoltés allant jusqu'à demander aux nobles locaux, qui ont une expérience militaire, de les aider. Certains nobles acceptent et s'engagent dans la révolte. Le conflit évolue donc en guerre civile. La seconde est politique : la Convention voit dans cet évènement un complot aristocratique, et fait de la Vendée le symbole de la contre-révolution. En conséquence, la révolte devient l'objet d'une campagne militaire plus importante.

Entre mars et octobre 1793, les troupes vendéennes, dirigées par quelques nobles locaux, tiennent en échec les armées républicaines. Les rares victoires républicaines ne sont pas suivies de contre-attaques efficaces. Dans l'autre camp, les insurgés sont très efficaces dans les campagnes, en revanche ils ne parviennent pas à conquérir les grandes villes et la côte atlantique.

En octobre, quand l'armée républicaine remporte la victoire contre les royalistes, ces derniers partent vers la Normandie. Les royalistes essayent d'obtenir l'aide des Britanniques, mais les discussions ne se finalisent pas. C'est ainsi que la révolte s'affaiblit.

La Terreur, cadre de la répression

Le conflit vendéen et la répression qui suit juste après la victoire des armées républicaines d'octobre se déroulent dans un contexte particulier. Face à la gravité de la situation extérieure et intérieure, les députés de la Plaine et de la Montagne ont voté en avril 1793 la création du Comité de Salut public. Sa fonction était de répondre aux menaces auxquelles faisait face la Révolution. Par la suite, la Montagne l'emporte sur la Gironde et, à partir du mois de septembre, met la Terreur à l'ordre du jour. Il s'agit d'un ensemble de mesures prises pour terroriser les forces contre-révolutionnaires.

C'est dans ce cadre qu'après les victoires militaires, le gouvernement prend la décision de porter un dernier coup à la révolte, tout en voulant protéger les non-combattants de la Vendée. Des colonnes de soldats se mettent en place pour parcourir les territoires vendéens. De nombreuses personnes, combattants et non-combattants, sont tuées au passage de ces colonnes. Seuls quelques généraux ont tenté de limiter les exactions. Quant aux insurgés capturés les armes à la main, une partie est jugée par les tribunaux révolutionnaires et des commissions militaires exerçant sous le contrôle de représentants de la Convention.

Cette répression a pour effet de raviver la révolte. De nombreux habitants fuient le département, et sont mis sous la protection de la République, bien que considérés comme suspects dans certains endroits.

colonne   *n.f.*
纵队；特遣队

exactions   *n.f.pl.*
（对民众的）残暴，掠夺

raviver   *v.t.*
使更强烈，更活跃

Bilan et autres conflits

Le traité de paix n'est signé qu'en 1795 entre les républicains et les chefs vendéens. La Convention, en pleine période de troubles, n'a pas réagi immédiatement aux massacres, sans doute parce qu'elle ne pouvait pas s'opposer aux sans-culottes, qui *de facto* contrôlaient l'armée. Mais par la suite, elle écarte ou condamne les généraux qui en ont commis.

de facto   *loc.adv.*
实际上，事实上

En plus de son lourd bilan (environ 200 000 morts, dont environ 170 000 Vendéens), cette guerre civile a eu des effets durables. Elle a fortement marqué la mémoire de la Révolution, et devient, durant le XIXe siècle, un enjeu important, aussi bien pour les royalistes que pour ceux qui veulent continuer la Révolution et en appliquer les idées.

Cette période, caractérisée par une multitude de conflits, est également celle qui a permis à un jeune militaire du nom de Napoléon Bonaparte (1769-1821) de s'illustrer. Recommandé par le frère de Robespierre pour combattre les royalistes et les armées coalisées occupant la ville de Toulon, près de Marseille en décembre 1793, il a obtenu un grand succès grâce à ses décisions tactiques. Cela lui vaut une promotion, tout en suscitant l'admiration de la Convention : il est désormais connu du monde politique français, monde auquel il participe activement quelques années plus tard. En 1797, c'est lui qui négocie, en tant que représentant de la République française, avec le représentant de l'empereur autrichien dont il venait de vaincre les armées. Ces négociations aboutissent au traité de Campo Formio, qui met fin à la guerre entre la France et l'Autriche qui avait commencé en 1792.

COMPRÉHENSION DU TEXTE

I. Complétez les phrases.

1. La Convention espère recruter _____ hommes en février 1793 pour la levée des troupes.

2. L'armée républicaine écrase les révoltés partout sauf dans le département de _____ .

3. En octobre 1793, les royalistes partent vers _____ afin d'obtenir l'aide des Britanniques.

4. Le traité de paix est signé au cours de l'année _____ entre les républicains et les chefs vendéens.

II. Vrai ou faux.

1. Louis XVI est exécuté le 21 janvier 1793.

2. La Vendée se situe dans l'est de la France.

3. Les insurgés n'arrivent pas à conquérir les grandes villes bien qu'ils soient très forts dans les campagnes.

4. Des massacres ont eu lieu pendant la guerre de Vendée.

III. Répondez aux questions.

1. Qu'est-ce que c'est que « l'armoire de fer » ? Quel rôle a-t-elle joué dans le sort de Louis XVI ?

2. Pourquoi les paysans mènent des révoltes contre la République ?

3. Dans quelle région la révolte est-elle devenue une guerre civile ? Quelle est la particularité de cette région ?

4. Est-ce que le gouvernement a bien protégé les non-combattants ? Justifiez votre réponse.

IV. Version.

Cette défaite a deux conséquences rapides. La première est que la révolte gagne de l'ampleur, les paysans révoltés allant jusqu'à demander aux nobles locaux, qui ont une expérience militaire, de les aider. Certains nobles acceptent et s'engagent dans la révolte. Le conflit évolue donc en guerre civile. La seconde est politique : la Convention voit dans cet évènement un complot aristocratique, et fait de la Vendée le symbole de la contre-révolution. En conséquence, la révolte devient l'objet d'une campagne militaire plus importante.

EXTENSION

Sujets d'exposé ou de rédaction :

1. Cherchez des informations sur ce que deviennent les membres de la famille royale française après l'exécution de Louis XVI.

2. Quel est l'état de la société chinoise vers la fin du XVIIIe siècle ? Est-ce qu'il y a des révoltes de paysans ?

À DÉCOUVRIR

Origine de l'expression « guerre de Vendée »

Au moment du soulèvement paysan de mars 1793 à l'occasion du recrutement des hommes, deux groupes de la Convention s'opposent sur les affaires militaires : les Girondins, au pouvoir, et les Montagnards, qui essaient de gagner de l'influence. La Vendée se retrouve ainsi prise au milieu de cette lutte.

Chargés de surveiller la mise en œuvre de la levée des 300 000 hommes, les Montagnards ont pris l'avantage. Les courriers des surveillants présents en Vendée au moment de la révolte influencent considérablement la façon dont la Convention voit l'évènement.

Tandis que les Girondins tentent de minimiser les défaites de l'armée républicaine en Vendée, les Montagnards les rendent publiques et dramatisent la situation. Cette dramatisation leur permet de dire que les Girondins au pouvoir n'ont pas été capables de résister aux insurgés.

Ainsi, les Montagnards parviennent à convaincre la Convention du caractère contre-révolutionnaire de ce soulèvement paysan, qui se retrouve baptisé « guerre ». Et parce que, contrairement aux autres régions touchées par un soulèvement, aucune répression efficace n'a lieu (le général des armées républicaines en Vendée étant accusé de trahison), la Vendée devient terre de la Contre-Révolution. C'est ainsi que l'évènement prend le nom, très rapidement, de « Guerre de Vendée ».

D'après Jean-Clément Martin, « La Vendée et sa guerre, les logiques de l'évènement », dans *Annales*, 1985 (N° 5).

Histoire culturelle 4

La Révolution française : histoire d'un héritage

La Révolution française est un évènement complexe. Loin de se limiter au serment du Jeu de Paume ou à la prise de la Bastille, elle s'est déroulée sur une décennie entière (1789-1799), décennie durant laquelle la France a connu une expérience de monarchie constitutionnelle (1791-1792), une guerre l'ayant opposée aux monarchies européennes (1792-1797), une guerre civile (1793-1796) et une expérience républicaine chaotique avec la Convention nationale (1792-1795) et le Directoire (1795-1799). Outre cette première période, elle a marqué l'histoire politique et sociale de la France au XIXe siècle. De nos jours, son influence est toujours perceptible.

Si l'impact de cet évènement a été si important, c'est non seulement parce qu'il a mis fin à un régime politique vieux de 800 ans, mais aussi parce qu'il a bouleversé tous les pans de la société française. La Révolution française a également secoué les autres monarchies européennes de l'époque, et a été une source de réflexion pour des intellectuels de différents pays. En un mot, cet évènement a été une véritable rupture, qui a semé et laissé de nombreuses traces, physiques et mentales.

L'impact européen de la Révolution française

À court et moyen termes, l'affaiblissement de la monarchie

---

chaotique *adj.*
混乱的，无秩序的

le Directoire
督政府

pan *n.m.*
（事物的）一部分

française, suivie de sa chute, a eu de nombreuses conséquences. Ces conséquences peuvent se retrouver sur deux échelles : l'échelle nationale et l'échelle européenne.

Très tôt, la Révolution française se voit comme un évènement ayant une portée universelle. Un groupe de députés en particulier, les Girondins, exprime son désir de faire la guerre aux autres monarchies européennes, ou en tout cas d'aider les mouvements révolutionnaires étrangers, afin d'étendre la Révolution. Une coalition des monarchies européennes empêche dans un premier temps la réalisation de cet objectif. C'est Napoléon qui, en étendant la puissance française en Europe, diffuse des principes de la Révolution au-delà des frontières françaises. Le Code civil de 1804 est un exemple concret de cette diffusion. Unifiant le droit du pays en y intégrant des nouveautés révolutionnaires (liberté, égalité, laïcité, état civil aux mains de l'État...), il est adopté dans les territoires occupés et conservés, avec quelques modifications suivant les pays, après la chute de Napoléon en 1814.

Code civil 《民法典》

De même, quand les puissances européennes discutent de la paix après avoir vaincu Napoléon, elles tentent surtout de trouver un équilibre garantissant la stabilité de l'Europe plutôt que de prendre leur revanche sur la France, où Louis XVIII (dates de règne : 1814-1815 et 1815-1824), le frère de Louis XVI a pris le pouvoir. En effet, elles sont tout à fait conscientes qu'elles ne pourront plus effacer tous les acquis de la période révolutionnaire.

La concrétisation des objectifs de la Révolution

À l'échelle française justement, la question de la fin de la

Révolution est l'enjeu central de la vie sociale et politique de tout le XIXe siècle. Durant ce siècle, la France connaît plusieurs révolutions, durant lesquelles l'objectif affiché est de terminer la Révolution. Cette période révolutionnaire s'achève avec la fin de la Commune de Paris[1], en 1871.

Sur un plus long terme, c'est-à-dire des années 1790 à nos jours, de nombreuses règles, lois et pratiques associées à la Révolution se sont peu à peu installées. Certaines sont encore en pratique aujourd'hui.

rationalisation *n.f.*
合理化；改进

La Révolution française est une période de rationalisation et d'unification du pays. Auparavant, les unités de mesures variaient selon les régions : il y en avait plus de 800 dans toute la France. En 1793, l'Assemblée officialise l'utilisation du mètre, et en 1795, c'est sur la base du système métrique décimal que toutes les unités de mesure et de poids sont établies (mètre carré, litre, gramme...).

décimal, e *adj.* 十进制的

Cet effort d'unification touche également le domaine linguistique. La Révolution a adopté l'idée selon laquelle la langue française devait être la langue commune de la Nation française. C'est pourquoi il est question, dans un rapport, « d'anéantir les patois » (c'est ainsi que sont appelés les dialectes) et « d'universaliser l'usage de la langue française »[2]. Dès lors, la Révolution tente d'imposer dans les esprits l'idée que l'école,

---

1 **Commune de Paris** : Important soulèvement révolutionnaire parisien s'étant produit en 1871.

2 Henri Grégoire (dit l'Abbé), *Rapport sur la nécessité et les moyens d'anéantir les patois et d'universaliser l'usage de la langue française*, Convention nationale, 1794.

notamment, doit se faire en français.

La Révolution ne parvient pas à mettre en œuvre ce principe, faute de temps. C'est la IIIe République, à la fin du XIXe siècle, qui le mettra finalement en œuvre avec succès, non seulement grâce à l'école, mais aussi grâce à l'armée et l'administration. Aujourd'hui encore, il s'agit d'un principe défendu dans la vie politique et intellectuelle française.

Le principe de la laïcité, c'est-à-dire la séparation de l'État et de l'Église (et de toute autre association religieuse), a eu un parcours presque identique. Il a été mis en application pour la première fois à la Révolution, mais a été fortement remis en cause avec le retour de la monarchie et le retour en force de l'Église. La Commune de Paris de 1871 prend de nombreuses mesures en faveur de la laïcité, et après elle, la IIIe République lui donne force de loi.

Enfin, l'hymne national de la France, la *Marseillaise*, est également un chant datant de la période révolutionnaire. Ce chant, écrit d'abord sous le titre de *Chant de guerre pour l'armée du Rhin* à l'occasion de la guerre de 1792 contre l'Autriche, est adopté une première fois comme hymne national en 1795, mais Napoléon l'abandonne. Encore une fois, c'est la IIIe République qui en fait de nouveau l'hymne national. Cet hymne ne sera ensuite supprimé que par le régime de Vichy durant la Seconde Guerre mondiale.

La Révolution dans le paysage politique, monumental et administratif

Si la Révolution a durablement marqué les esprits, non

seulement en France, mais aussi à l'étranger, elle a également marqué le patrimoine français. Certaines institutions toujours présentes aujourd'hui sont un héritage révolutionnaire. L'Assemblée nationale est aujourd'hui encore le nom de l'institution où se réunissent les députés. L'Institut de France, que la Révolution a créé pour remplacer les anciennes académies royales, est également toujours présent.

Pour marquer les esprits, la Révolution a également songé aux monuments. Le Panthéon est un exemple particulièrement symbolique. Conçu pour être une église, ce bâtiment inachevé est récupéré par la Révolution et devient un véritable temple républicain. L'objectif est d'avoir une nécropole pour les personnalités qui ont

nécropole *n.f.* 大公墓

contribué à la grandeur de la France à partir de la Révolution (mais des exceptions sont envisagées dès le départ, par exemple pour Voltaire ou Rousseau).

Par ailleurs, de nombreux bâtiments officiels liés à la République française, notamment les mairies, portent sur leur façade la devise de la France : « Liberté, Égalité, Fraternité », qui est une devise née lors de la Révolution française et adoptée plus tard par la IIe République (1848-1852), puis par la IIIe République jusqu'à aujourd'hui (sauf pendant une partie de la Seconde Guerre mondiale).

La Révolution a laissé une forte empreinte sur l'organisation du territoire français, il s'agit des départements. Ils ont au départ été créés pour faciliter l'application des lois de la jeune monarchie constitutionnelle, puis de la jeune République. Conservés par la suite, les départements français sont devenus un élément important de l'identité des habitants, si bien que les projets de suppression envisagés par différents gouvernements au début du XXIe siècle ont tous échoués.

L'héritage de la Révolution française est à la fois vaste et durable. Son importance dans la vie politique, sociale et intellectuelle en a fait en France une période de référence, notamment pour l'enseignement de l'histoire. L'année 1789 marque en effet traditionnellement la limite entre l'histoire moderne et l'histoire contemporaine.

Si la valeur de cette partie de l'histoire de France est toujours forte, la place de la Révolution française dans les esprits semble moins importante qu'auparavant. Des parties de cet héritage sont parfois remises en cause, ou suscitent une certaine incompréhension, comme les paroles de la *Marseillaise*, certains les jugeant trop violentes. Et surtout, les deux guerres mondiales (1914-1918 et 1939-1945), objet d'un effort de mémoire important, sont de nouvelles périodes de référence, et de rupture.

COMPRÉHENSION DU TEXTE

I. Complétez les phrases.

1. La Commune de Paris se termine en _____.

2. L'hymne national de la France est _____.

3. _____ est un monument qui abrite les tombeaux des grands hommes.

4. La devise de la France est « Liberté, Égalité, _____ ».

II. Vrai ou faux.

1. Après la chute de Napoléon, tous les acquis de la Révolution sont effacés en Europe.

2. Les dialectes et les religions sont bien encouragés à l'école et dans l'enseignement afin de garantir la liberté de l'expression.

3. La Commune de Paris a lutté pour la laïcité.

4. L'année 1789 marque la frontière entre l'histoire moderne et l'histoire contemporaine.

III. Répondez aux questions.

1. Dans quelle mesure la Révolution a-t-elle contribué à l'unification du pays ?

2. Quel est l'héritage de la Révolution en matière institutionnelle ?

3. Quelle est l'influence de la Révolution sur l'organisation du territoire français ?

IV. Version.

Si l'impact de la Révolution a été si important, c'est non seulement parce qu'il a mis fin à un régime politique vieux de 800 ans, mais aussi parce qu'il a bouleversé tous les pans de la société française. La Révolution française a également secoué les autres monarchies européennes de l'époque, et a été une source de réflexion pour des intellectuels de différents pays. En un mot, cet évènement a été une véritable rupture, qui a semé et laissé de nombreuses traces, physiques et mentales.

EXTENSION

Sujets d'exposé ou de rédaction :

1. Qu'est-ce que vous savez sur le Code civil ? Faites une brève présentation en classe.

2. Qu'est-ce que l'Institut de France ? Présentez son histoire et sa composition.

Annexes

• *Chronologie* •

Antiquité

Vers le VIIIe siècle av. J.-C.	Arrivée des Celtes dans les régions du sud de l'actuelle France.
Vers 600 av. J.-C.	Fondation de *Massalia* (Marseille).
Ve siècle av. J.-C.	Début de l'installation des Celtes dans toute l'Europe de l'Ouest.
390 av. J.-C.	Une tribu celte attaque Rome et remporte la victoire.
Fin du IIIe siècle av. J.-C.	Les Romains conquièrent le nord de l'actuelle Italie.
58 av. J.-C.	Début de la conquête de la Gaule par César.
52 av. J.-C.	Victoire de Vercingétorix à Gergovie, puis défaite à Alésia.
51 av. J.-C.	Fin de la conquête de César.
380	La religion chrétienne devient religion officielle de l'Empire romain.
476	Disparition de l'Empire romain d'Occident.

Moyen Âge

486	Victoire de Soissons, Clovis étend son royaume au nord de l'actuelle France.
Vers 498	Baptême de Clovis.
511	Mort de Clovis, partage de son royaume entre ses fils.
629-639	Règne de Dagobert Ier, dernière unification du royaume des Francs sous les Mérovingiens.
732	Victoire de Charles Martel à Poitiers.
751-768	Règne de Pépin le Bref.
768-814	Règne de Charlemagne.
789	Loi de Charlemagne sur l'école.
Noël 800	Charlemagne couronné empereur par le pape à Rome.

814-840	Règne de Louis Ier.
842	Serments de Strasbourg.
843	Traité de Verdun.
911	Charles III le Simple donne le comté de Rouen à un chef Viking.
987	Hugues Capet élu roi, début de la dynastie capétienne.
1066	Conquête de l'Angleterre par duc de Normandie, Guillaume le Conquérant.
1137	Mariage de Louis (futur Louis VII) et d'Aliénor d'Aquitaine.
1152	Aliénor d'Aquitaine épouse Henri Plantagenêt (futur Henri II d'Angleterre).
1259	Traité de Paris entre Saint Louis et Henri III d'Angleterre.
1314	Mort de Philippe IV le Bel.
1337	Confiscation de la Guyenne, début de la guerre de Cent Ans.
1346	Bataille de Crécy.
1347	Prise de Calais.
1347-1352	La peste noire touche une partie de l'Asie et l'Europe.
1356	Bataille de Poitiers, le roi de France Jean II le Bon fait prisonnier.
1380-1422	Règne de Charles VI.
1415	Bataille d'Azincourt.
1420	Traité de Troyes, le fils de Charles VI est écarté du pouvoir.
1422	Mort d'Henri V, roi d'Angleterre.
1428-1429	Siège d'Orléans.
1429	Intervention de Jeanne d'Arc.
17 juillet 1429	Sacre de Charles VII.
23 mai 1430	Jeanne d'Arc faite prisonnière.
30 mai 1431	Exécution de Jeanne d'Arc.
1435	Fin de l'alliance entre Bourguignons et Anglais.
1453	Fin de la guerre de Cent Ans. Prise de Constantinople par les Turcs.

Époque moderne

1492	Arrivée de Christophe Colomb en Amérique.
1494-1559	Guerres d'Italie.
1515-1547	Règne de François Ier.
1524	Première expédition française en Amérique.
1534, 1535 et 1541	Expéditions de Jacques Cartier en Amérique du Nord.
1539	Ordonnance de Villers-Cotterêts instituant le français comme langue officielle du royaume.
1543	Création de la fonction d'imprimeur du roi en langue française.
1562-1598	Guerres de religion.
24 août 1572	Massacre de la Saint-Barthélémy.
1598	Édit de Nantes.
1608	Fondation de Québec par Samuel de Champlain.
1610	Assassinat d'Henri IV.
1610-1643	Règne de Louis XIII (1610-1614 : régence de Marie de Médicis).
1626	Expéditions coloniales dans les Antilles.
1643-1715	Règne de Louis XIV (1643-1651 : régence d'Anne d'Autriche).
1648-1653	La Fronde.
1661	Mort de Mazarin. Début du règne personnel de Louis XIV.
1682	La cour royale s'installe à Versailles. Début de la colonisation de la Louisiane.
1685	Annulation de l'édit de Nantes.
1756-1763	Guerre de Sept Ans.
1778	Intervention officielle de la France dans la guerre d'indépendance des États-Unis.

Époque contemporaine

1788	Convocation des états généraux.
17 juin 1789	Les députés du tiers état prennent le nom d'Assemblée nationale.
20 juin 1789	Serment du Jeu de Paume.
9 juillet 1789	Assemblée nationale constituante.
11 juillet 1789	Renvoi de Necker.
14 juillet 1789	Prise de la Bastille.
Juillet 1789	La Grande Peur dans les campagnes.
4 août 1789	Abolition des privilèges.
26 août 1789	Déclaration des droits de l'homme et du citoyen.
6 octobre 1789	Installation définitive du roi à Paris.
14 juillet 1790	Fête de la Fédération.
22 juin 1791	Arrestation de Louis XVI en fuite à Varennes.
3 septembre 1791	Constitution promulguée.
1er octobre 1791	L'Assemblée constituante cède la place à l'Assemblée législative.
10 août 1792	Louis XVI et sa famille emprisonnés.
20 septembre 1792	Bataille de Valmy.
21 septembre 1792	L'Assemblée législative cède la place à la Convention. Abolition de la royauté, proclamation de la République.
21 janvier 1793	Exécution de Louis XVI.
Mars 1793	Début de la guerre de Vendée.
Septembre 1793	La Terreur mise à l'ordre du jour.
26 octobre 1795	La Convention cède la place au Directoire.
9 novembre 1799	Fin du Directoire, coup d'État de Bonaparte.
1803	Vente de la Louisiane aux États-Unis.

• *Les Mérovingiens* •

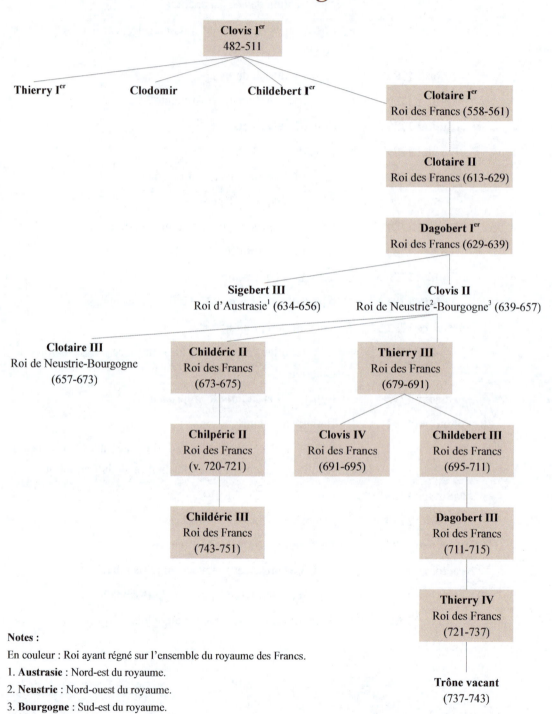

Clovis Ier
482-511

Thierry Ier   **Clodomir**   **Childebert Ier**

Clotaire Ier
Roi des Francs (558-561)

Clotaire II
Roi des Francs (613-629)

Dagobert Ier
Roi des Francs (629-639)

Sigebert III
Roi d'Austrasie[1] (634-656)

Clovis II
Roi de Neustrie[2]-Bourgogne[3] (639-657)

Clotaire III
Roi de Neustrie-Bourgogne
(657-673)

Childéric II
Roi des Francs
(673-675)

Thierry III
Roi des Francs
(679-691)

Chilpéric II
Roi des Francs
(v. 720-721)

Clovis IV
Roi des Francs
(691-695)

Childebert III
Roi des Francs
(695-711)

Childéric III
Roi des Francs
(743-751)

Dagobert III
Roi des Francs
(711-715)

Thierry IV
Roi des Francs
(721-737)

Notes :

En couleur : Roi ayant régné sur l'ensemble du royaume des Francs.

1. **Austrasie** : Nord-est du royaume.

2. **Neustrie** : Nord-ouest du royaume.

3. **Bourgogne** : Sud-est du royaume.

Trône vacant
(737-743)

• *Les Carolingiens* •

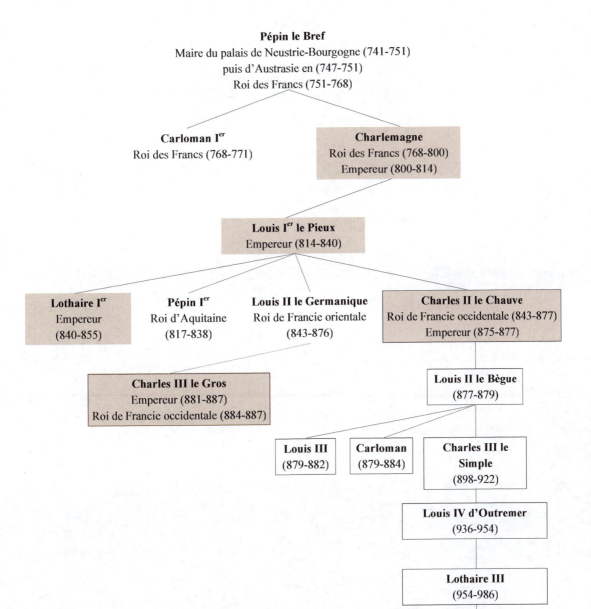

Pépin le Bref
Maire du palais de Neustrie-Bourgogne (741-751)
puis d'Austrasie en (747-751)
Roi des Francs (751-768)

Carloman Ier
Roi des Francs (768-771)

Charlemagne
Roi des Francs (768-800)
Empereur (800-814)

Louis Ier le Pieux
Empereur (814-840)

Lothaire Ier
Empereur
(840-855)

Pépin Ier
Roi d'Aquitaine
(817-838)

Louis II le Germanique
Roi de Francie orientale
(843-876)

Charles II le Chauve
Roi de Francie occidentale (843-877)
Empereur (875-877)

Charles III le Gros
Empereur (881-887)
Roi de Francie occidentale (884-887)

Louis II le Bègue
(877-879)

Louis III
(879-882)

Carloman
(879-884)

Charles III le Simple
(898-922)

Louis IV d'Outremer
(936-954)

Lothaire III
(954-986)

Louis V le Fainéant
(986-987)

Notes :
En couleur : Empeureur.
Bordure : Roi de Francie occidentale.

• *Les Robertienss* •

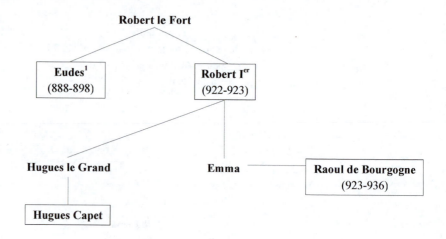

Notes :

En couleur : Empereur.

Bordure : Roi de Francie occidentale.

1. **Eudes** : Comte de Paris, puis roi de France (888-898), de la famille des Robertiens (descendants de Robert le Fort, marquis de Neustrie et père d'Eudes) dont est issu Hugues Capet (neveu de Raoul de Bourgogne), premier roi de France capétien.

• *Les Capétiens directs* •

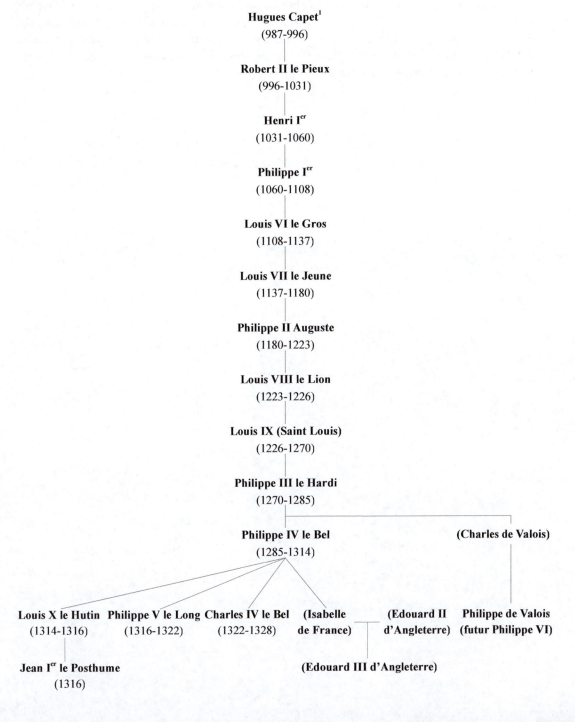

Hugues Capet[1]
(987-996)

Robert II le Pieux
(996-1031)

Henri Ier
(1031-1060)

Philippe Ier
(1060-1108)

Louis VI le Gros
(1108-1137)

Louis VII le Jeune
(1137-1180)

Philippe II Auguste
(1180-1223)

Louis VIII le Lion
(1223-1226)

Louis IX (Saint Louis)
(1226-1270)

Philippe III le Hardi
(1270-1285)

Philippe IV le Bel   **(Charles de Valois)**
(1285-1314)

Louis X le Hutin   **Philippe V le Long**   **Charles IV le Bel**   **(Isabelle**   **(Edouard II**   **Philippe de Valois**
(1314-1316)   (1316-1322)   (1322-1328)   **de France)**   **d'Angleterre)**   **(futur Philippe VI)**

Jean Ier **le Posthume**   **(Edouard III d'Angleterre)**
(1316)

Note :

1. **Hugues Capet, un seigneur désigné roi** : Au Xe siècle, avec les invasions normandes et l'affaiblissement du pouvoir royal, des seigneurs régionaux se trouvent à la tête de vastes principautés et jouissent d'une certaine autonomie. Hugues Capet appartient à l'une de ces puissantes familles, les Robertiens, dont deux membres ont déjà été rois, Eudes et Robert, et qui entretient des liens conflictuels avec les Carolingiens. Son père Hugues le Grand porte le titre de « duc des Francs » (c'est-à-dire second après le roi) et la famille possède des territoires dans le nord et le centre de la France. Abbé laïc de Saint-Martin de Tours, Hugues Capet tiendrait son surnom du manteau, ou chape, de saint Martin, dont la relique était conservée à l'abbaye.

• *Les Capétiens Valois* •

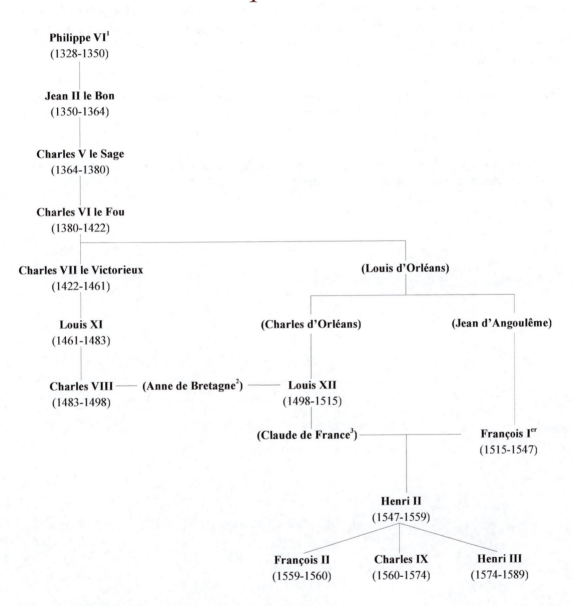

Philippe VI[1]
(1328-1350)

Jean II le Bon
(1350-1364)

Charles V le Sage
(1364-1380)

Charles VI le Fou
(1380-1422)

Charles VII le Victorieux
(1422-1461)

(Louis d'Orléans)

Louis XI
(1461-1483)

(Charles d'Orléans)

(Jean d'Angoulême)

Charles VIII ——— **(Anne de Bretagne**[2]**)** ——— **Louis XII**
(1483-1498)   (1498-1515)

(Claude de France[3]**)**

François Ier
(1515-1547)

Henri II
(1547-1559)

François II   **Charles IX**   **Henri III**
(1559-1560)   (1560-1574)   (1574-1589)

Notes :

1. **Philippe VI** : Charles IV, troisième fils de Philippe IV le Bel, meurt sans héritier mâle. Deux candidats convoitent alors la succession : Edouard III, roi d'Angleterre et petit-fils de Philippe le Bel, et Philippe de Valois, neveu de ce dernier. L'assemblée des grands seigneurs écarte le souverain anglais parce qu'il n'est pas « né du royaume » et qu'il est jeune. Il est pourtant le plus proche héritier en ligne directe. Edouard III accepte cette décision et Philippe VI devient roi, installant ainsi une nouvelle dynastie sur le trône de France.

2. **Anne de Bretagne** (1477-1514) : Duchesse de Bretagne (1488-1514) et reine de France. Fille du duc de Bretagne François II, femme de Charles VIII (1491-1498), puis de Louis XII (1499-1514), elle défend farouchement l'indépendance de la Bretagne.

3. **Claude de France** (1499-1524) : Fille de Louis XII et d'Anne de Bretagne, elle est la première femme de François Ier, lui apportant notamment en dot le duché de Bretagne.

• *Les Bourbons* •

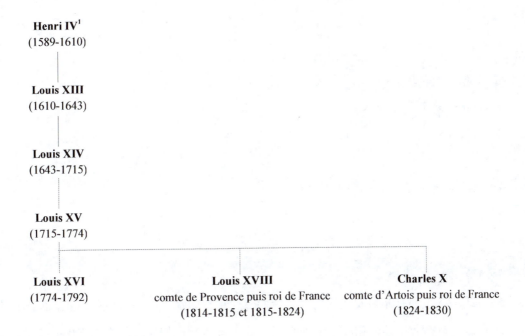

Henri IV[1]
(1589-1610)

Louis XIII
(1610-1643)

Louis XIV
(1643-1715)

Louis XV
(1715-1774)

Louis XVI
(1774-1792)

Louis XVIII
comte de Provence puis roi de France
(1814-1815 et 1815-1824)

Charles X
comte d'Artois puis roi de France
(1824-1830)

Note :

1. **Henri IV** : Fils d'Antoine de Bourbon et de Jeanne III d'Albret, reine de Navarre, il épouse en 1572 Marguerite de Valois, fille d'Henri II. Descendant en lignée masculine du roi Saint Louis à la dixième génération, il est premier prince du sang et le successeur naturel des rois de France de la maison de Valois. Reconnu par le roi Henri III comme son héritier légitime, il prend le nom d'Henri IV en 1589.

• *Corrigés* •

⚜ Chapitre 1

I. Complétez les phrases.

1. Provence　　　2. 600　　　3. Nice　　　4. druides

II. Vrai ou faux.

1. F　　　2. F　　　3. V　　　4. F

IV. Version.

　　凯尔特人拥有非常发达的农业，他们生产粮食和蔬菜，还从事养殖业。凯尔特人的手工业也享有盛誉：他们用泥土制作陶器、加工金属，比如从金矿中提炼出的金子。凯尔特人居住在设有防御工事的村庄里，使用木头和石头建造房屋，例如他们的宗教仪式就是在石庙里举行的。他们主要信奉与农业生产和战争相关的一些神灵。

⚜ Chapitre 2

I. Complétez les phrases.

1. romain　　　2. Alpes　　　3. Jules César　　　4. Vercingétorix

II. Vrai ou faux.

1. V　　　2. F　　　3. V　　　4. F

IV. Version.

　　凯撒试图凭借军功在罗马掌权。为了让这一战绩显得更为显赫，他需要把敌人塑造成团结的、有组织的族群。因此，凯撒在他的征战过程中，将高卢描写成一块紧密结合的领土，分为三个大地区，与他所征服的领地吻合。

⚜ Chapitre 3

I. Complétez les phrases.

1. gallo-romaine   2. perpendiculaires   3. *Épona*   4. 1870

II. Vrai ou faux.

1. F   2. F   3. V   4. F

IV. Version.

并非只有凯尔特人、希腊人和罗马人给今天人们所认识的法国留下了历史遗产，日耳曼人同样带给法国重要的历史遗产。在十九世纪之前，日耳曼血统长期备受重视：据说法国的贵族拥有日耳曼血统，而平民则具有高卢血统。1870 年，法国被同样具有日耳曼血统的普鲁士打败。从这次战败开始，法国便开始倾向重视凯尔特血统，而排斥日耳曼血统，因为后者与敌国相关。

⚜ Histoire culturelle 1

I. Complétez les phrases.

1. la Révolution française   2. huit   3. « de »   4. IIIe

II. Vrai ou faux.

1. F   2. F   3. V   4. F

IV. Version.

慢慢地，绰号不再专属于某一个人，而是由父亲传递给儿子，但这种做法仅限于在民间流传，并没有得到官方的认可。1789 年大革命时期，政府借机取代教会管理公民身份信息的登记，采取了一系列措施：从父亲处继承的绰号成为姓氏，是身份的正式组成部分。而（过去使用的）名字则被称为"名"（prénom），因为它置于姓氏之前。

⚜ Chapitre 4

I. Complétez les phrases.

1. Constantin (Constantin Ier le Grand)   2. 380   3. 9 000   4. Rome

II. Vrai ou faux.

1. F   2. V   3. F   4. V

IV. Version.

自此，克洛维成为了基督教徒，他可以从以主教为代表的高卢-罗马精英那里获得支持。这些主教在克洛维身上看到了希望，认为他能够重建信奉基督教的罗马帝国。按照法兰克人的习俗，克洛维手下的士兵都追随国王，信奉了这种新的宗教，接受了洗礼，这更加坚定了主教们的信心。在主教们的拥护下，克洛维成功地向南部扩张了自己的王国。

⚜ Chapitre 5

I. Complétez les phrases.

1. Paris   2. le palais   3. Poitiers   4. Childéric III

II. Vrai ou faux.

1. F   2. V   3. V   4. F

IV. Version.

克洛维实行中央以及地方行政管理制度。中央行政管理团队由国王身边的人构成，被称作"宫廷"，其中，"宫相"作为国王的主要顾问，负责管理王室的领地以及开支。地方行政管理制度方面则沿用罗马帝国时期通行的组织方式，地方管理者被称为"伯爵"，负责管辖区的安全、司法和税收，有些地方是主教行使地方行政事务的管理。

⚜ Chapitre 6

I. Complétez les phrases.

1. Rome   2. Louis Ier   3. Rouen   4. Hugues Capet

II. Vrai ou faux.

1. V   2. F   3. F   4. V

IV. Version.

在这三个王国中，加洛林王朝很快就遇到了对王权产生威胁的诸多问题。首先，由于没有了征战，国王就不再有新的财富可以分发给各位伯爵。伯爵们便各自开发领地上的财富，并由此获得了很大的影响力和权力，逐渐变成了封建领主，几乎独立于国王（的管辖）。

⚜ Chapitre 7

I. Complétez les phrases.

1. Edouard III   2. 1337   3. Calais   4. 1420

II. Vrai ou faux.

1. F   2. V   3. V   4. F

IV. Version.

在那个时代，法、英两个王国之间的界线很模糊。英国的国王和贵族是跟随"征服者"纪尧姆一起来到英国的法国贵族的后裔，而纪尧姆原本也是法国的贵族，后来成为英国国王。所以当时的英国贵族阶层说的语言是法语，接受的教育也是法式的。英国国王在法国西南部吉耶纳省还拥有土地，不过其仍是法国国王的附庸。

⚜ Chapitre 8

I. Complétez les phrases.

1. Bourguignons   2. Domrémy   3. (d')Orléans   4. Reims

II. Vrai ou faux.

1. F   2. F   3. V   4. F

IV. Version.

很难知道查理的亲信们是否真的相信她（圣女贞德）的消息，但这并不重要。重要的是王储（查理）的支持者很快便明白了，这位少女能让他们在象征意义和政治意义上取得优势：如果查理六世的儿子得到了上帝的支持，那么他（所领导）的战争便是合法的，其王储地位亦如此。另外，他们认为这位年轻姑娘的出现能够重振士气。经历过多次战败之后，士兵们已经失去信心了。

⚜ Chapitre 9

I. Complétez les phrases.

1. Bourguignons   2. Rouen   3. 1453   4. Normandie

II. Vrai ou faux.

1. F   2. V   3. F   4. F

IV. Version.

在战术层面，一项技术进步使得法国人多次击败英国军队，那就是火炮。中国的火药传到了欧洲，推动这项技术进步成为可能。火炮的应用使查理七世与英国人在吉耶纳的最后几场战斗中获得了显著优势。吉耶纳失守后，英国人就只剩下加莱城了。虽然双方并未签署任何和平协议，但此后法国和英国就没有在欧洲大陆上发生任何战争了。

⚜ Histoire culturelle 2

I. Complétez les phrases.

1. 1492   2. 1163   3. Robert de Sorbon   4. carnaval

II. Vrai ou faux.

1. F   2. V   3. F   4. V

IV. Version.

中世纪经常被看作是一个黑暗的时期：人们肮脏不堪、缺乏教育，社会暴力横行。法语也迎合了这一负面的看法，例如形容词"中世纪的"（moyenâgeux）有时被用作贬义，用于形容现代社会中不该再存在的现象或行为。然而，深入研究中世纪便可发现，这种观点与事实并不相符。中世纪时期，无论是在建筑、文化、卫生方面，还是在政治、技术方面，都取得了重大的进步。

⚜ Chapitre 10

I. Complétez les phrases.

1. l'hébreu   2. Constantinople   3. Ambroise Paré   4. François Ier

II. Vrai ou faux.

1. F 2. V 3. V 4. V

IV. Version.

这个时期后来被称为"文艺复兴",尽管"文艺复兴"更早就已经开始了,而且对过去的重新发现也应归功于先前的事件。无论如何,这一时期法国发生了巨大变化,无论是在文化还是景观方面留下的遗迹在当代法国都仍然可见。如果说文化方面的变化令人瞩目,那么宗教领域内的变革将成为十六世纪下半叶法国诸多纷争的根源。

⚜ Chapitre 11

I. Complétez les phrases.

1. Martin Luther 2. Bourbons 3. 1598 4. Henri IV

II. Vrai ou faux.

1. F 2. F 3. V 4. V

IV. Version.

为了维护自己的权威,此后被称为亨利四世的亨利·德·纳瓦尔,必须对敌对联盟吉斯家族发动战争,并通过收买获得部分贵族的支持。此外,他于1593年重新皈依天主教。作为战胜者,他于1598年以南特敕令结束了第八次也是最后一次宗教战争。南特敕令是一项宽容的法令,通过该法令,国王明确指出天主教是法兰西王国的宗教,但他也给新教徒划分了场所,使他们可以安全地举行宗教活动。

⚜ Chapitre 12

I. Complétez les phrases.

1. Louis XIV　　　　2. le cardinal de Richelieu　　　　3. la Fronde　　　　4. 1685

II. Vrai ou faux.

1. V　　　　2. F　　　　3. V　　　　4. F

IV. Version.

　　路易十三与黎世留发展海军并与在美洲的法国殖民地进行贸易往来。他们还设立"总督",以确保国王的决定在各省得到实施。路易十三也是一位好战的国王,他发动了许多战争,对内针对贵族,旨在加强国王的权威,对外则针对其他欧洲王国。他借此扩大了王国的领土,但发动这些战争所需的税收引发了多场农民起义。

⚜ Chapitre 13

I. Complétez les phrases.

1. François Ier　　　　2. Jacques Cartier　　　　3. XVIIe　　　　4. la Louisiane

II. Vrai ou faux.

1. F　　　　2. V　　　　3. F　　　　4. V

IV. Version.

　　为了恢复法国在美洲的殖民帝国,拿破仑通过签订条约的方式收复了西班牙占领的部分。不过法国拥有这块殖民地的时间很短。总之,法国第一个殖民地"新法兰西"存在的时间并不长。然而,"新法兰西"拓展了法语的使用区域。今天在魁北克省和路易斯安那州的一些地方,更不用提在加勒比海和南美洲的法国海外省和大区,仍可以看到使用法语的现象。

⚜ Histoire culturelle 3

I. Complétez les phrases.

1. XVIᵉ   2. la Thaïlande   3. Louis XIV   4. Diderot

II. Vrai ou faux.

1. V   2. V   3. F   4. F

IV. Version.

　　启蒙时代的一些法国经济学家认为，中国也应该是被效仿的对象。其中，弗朗索瓦·魁奈认为中国的经济基于农业和适度的税赋。他认为，中国遵循自然法则（这一思想在当时的法国非常流行，即经济由自然法则所支配，不受人力控制），这正是中国在十八世纪繁荣昌盛的原因。和伏尔泰一样，弗朗索瓦·魁奈以中国为榜样，批判当时法国的君主统治。

⚜ Chapitre 14

I. Complétez les phrases.

1. *Encyclopédie*   2. 1770   3. 98   4. Louis XVI

II. Vrai ou faux.

1. V   2. V   3. F   4. F

IV. Version.

　　王权为解决危机而做出的努力由于新势力公共舆论的反对而变得难以实施。舆论将矛头直指国王周围的人以及路易十六和玛丽-安托瓦内特这对王室夫妇。王后参加大量社交舞会且奢侈无度，这在危机时期招致舆论，尤其是巴黎舆论的批评。

⚜ Chapitre 15

I. Complétez les phrases.

1. Lumières   2. Sieyès   3. la Bastille   4. les Tuileries

II. Vrai ou faux.

1. F   2. F   3. V   4. F

IV. Version.

国王对这些改革的支持似乎不再那么坚定了，他一直没有签署《人权与公民权宣言》，对已经准备好的宪法条款也并未表示认可。人们认为这是由于国王听信谗言。于是，10 月 5 日，一群以妇女为首的农民离开巴黎前往凡尔赛，将国王带到他在巴黎的宫殿，杜伊勒里宫。当天，国王终于同意签署《人权与公民权宣言》。

⚜ Chapitre 16

I. Complétez les phrases.

1. l'Assemblée   2. 83   3. Varennes   4. 1792

II. Vrai ou faux.

1. F   2. V   3. F   4. F

IV. Version.

俱乐部是深受资产阶级和"无套裤汉"青睐的辩论场所。"无套裤汉"是来自平民街区的革命者，他们穿普通长裤，而不是像资产阶级和贵族那样穿丝绸短套裤。然而，在这些讨论群体中，思想越来越激进。科尔得利俱乐部和"无套裤汉"希望在革命中走得更远，建立一个共和国。

⚜ Chapitre 17

I. Complétez les phrases.

1. 300 000　　　2. la Vendée　　　3. la Normandie　　　4. 1795

II. Vrai ou faux.

1. V　　　2. F　　　3. V　　　4. V

IV. Version.

　　这次失败很快导致以下两个结果。第一个结果是起义愈演愈烈，起义的农民甚至请有军事经验的当地贵族来帮助他们，一些贵族接受请求并参与叛乱，使冲突演变为内战。第二个结果是政治层面的：国民公会认为这是贵族的阴谋，就把旺代塑造成了反革命的典型代表，因此暴乱遭到了大规模军事镇压。

⚜ Histoire culturelle 4

I. Complétez les phrases.

1. 1871　　　2. la *Marseillaise*　　　3. Le Panthéon　　　4. Fraternité

II. Vrai ou faux.

1. F　　　2. F　　　3. V　　　4. V

IV. Version.

　　法国大革命的影响之所以巨大，不仅是因为它终结了长达八百年的政治制度，还因为它深刻影响了法国社会的各个方面。法国大革命动摇了当时欧洲其他国家的君主制度，成为各国知识分子思考的源泉。总之，法国大革命是一次真正的决裂，它撒播并遗留下了诸多物质层面和精神层面的印迹。

• *Bibliographie* •

Alain Demurger, *Nouvelle histoire de la France médiévale 5. Temps de crises, temps d'espoirs. XIVe-XVe siècle,* Paris : Seuil, coll. « Points », 1990.

Baptiste Coulmont, *Sociologie des prénoms*, Paris : La Découverte, coll. « Repères », 2011.

Bruno Dumézil, *Des Gaulois aux Carolingiens (du Ier au IXe siècle)*, Paris : Presses Universitaires de France, coll. « Une histoire personnelle de la France », 2013.

Collectif, *Le Petit Larousse illustré*, Paris : Larousse, 2001.

François Furet, *La Révolution. Tome I. 1770-1814*, Paris : Fayard, coll. « Pluriel », 2011.

François Hinard (dir.), *Histoire romaine. Tome I. Des origines à Auguste*, Paris : Fayard, coll. « Histoire », 2000.

Gao Yi, « Les origines chinoises des Lumières et de la Révolution française », dans *Annales historiques de la Révolution française*, 2017/1 (N° 387), pp. 103-121.

Guillaume Bourel, Marielle Chevallier, Axelle Guillausseau, Guillaume Joubert, *Bescherelle Chronologie de l'histoire de France. Des origines à nos jours*, Paris : Hatier, 2017.

Jean-Clément Martin, *La guerre de Vendée. 1793-1800*, Paris : Seuil, coll. « Points », 1987 (2014).

Michèle Fogel, *L'État dans la France moderne. De la fin du XVe à la fin du XVIIIe siècle*, Paris : Hachette, coll. « Carré Histoire », 2000.

Nicolas Le Roux, *Les guerres de religion. 1559-1629*, Paris : Belin, coll. « Histoire de France », 2014.

Paul-André Linteau, *Histoire du Canada*, Paris : Presses Universitaires de France, coll. « Que sais-je ? », 2014.

Stéphane Lebecq, *Nouvelle histoire de la France médiévale 1. Les origines franques. V^e-IXe siècle*, Paris : Seuil, coll. « Points », 1990.

Zhan Shi, « L'image de la Chine dans la pensée européenne du XVIIIe siècle : de l'apologie à la philosophie pratique », dans *Annales historiques de la Révolution française*, 2007/1 (N° 347), pp. 93-111.